释放你的炒股潜力

人人可学的交易智慧

SHIFANG NIDE CHAOGU QIANLI
RENRENKEXUE DE JIAOYIZHIHUI

薛松 金颖 著

新华出版社

图书在版编目（CIP）数据

释放你的炒股潜力：人人可学的交易智慧 / 薛松，金颖著．
北京：新华出版社，2024.8．
ISBN 978-7-5166-7510-6

Ⅰ．F830.91

中国国家版本馆 CIP 数据核字第 20242HY750 号

释放你的炒股潜力：人人可学的交易智慧

作者： 薛松　金颖
出版发行： 新华出版社有限责任公司
　　　　　　（北京市石景山区京原路 8 号　邮编：100040）
印刷： 河北鑫兆源印刷有限公司

成品尺寸： 150mm×214mm 1/16	**印张：** 18　　**字数：** 180 千字
版次： 2024 年 8 月第 1 版	**印次：** 2024 年 10 月第 2 次印刷
书号： ISBN 978-7-5166-7510-6	**定价：** 88.00 元

版权所有·侵权必究
如有印刷、装订问题，本公司负责调换。

谨以此书，致敬股市，观照人生。

献给每一位正在追逐星辰大海的你。

自序

观股海，烟波缥缈隐险峰；

踏山巅，拨云见日终有时。

股市善变，故常怀敬畏之心。

A股市场是一个二级混沌系统。一级混沌系统尚可预测，比如天气，而二级混沌系统充满变数，其结果会受到预测的影响，这便是市场残酷的地方，同时也是吸引人的地方。

中国股市迄今仍未成为居民财富配置的主流，怀揣着美好的向往踏入股市，无论成功或是失败的案例我都见过不少。有些败于术，有些止于道，而成功的归因除去努力和运气的成分，也无外乎这两个因素。

由"术"和"道"汇聚成的经验，成为了我们面对时刻变化着的市场唯一可以拿来依靠的东西。如果经验都不足以让股市相对地可控，那么这个市场就没法玩。对于普通投资者来说，技术分析是相对可习得的武器，好过赤手空拳没有任何装备。至于"道"层面的内容，既要看每个人的悟性，也要看每个人对人性的把握程度。人性的藩篱并不容易突破，需要长久地修行。

这些，是我写这本书的初衷。

一方面，算是对自己过去三十年来跌宕起伏的人生做一个回顾，把那些或晦涩或明亮的日子，抑或是那些或痛楚或光辉的瞬间，诉诸笔端留于纸上，待年华老去之际，拿出来再品读一番，怕是会有别样的感受；另一方面，也希望留下纸墨飘香，助君一臂之力。股票盈利日，悠然自得时。只要你想，便能靠近；只要你努力，总会等到。

最初踏进这个市场的我，亦如此时此刻正在看书的你，也经历过怀疑人生的阶段——为什么我会来到这个市场？为什么看到的行情只跌不涨？为什么赔钱犹如水推沙，而赚钱却像针挑土？

当年我入市即熊市，指数从1500点跌到剩300点，每一天我总是以类似这样的问题鞭挞自己，拷问着附着于躯壳之上的灵魂。寻求答案的过程，犹如凤凰涅槃。

重生需要付出代价。代价就是一次次失败的经历，在三十年的沉浮历练之中，积攒下无数实用的经验，化作身上的铠甲，帮我扛下了股市的锤打。当我的成功次数越来越多的时候，我愈发觉得，会一点技术分析对我们的帮助虽然不是一夜暴富，但可以让我们在战斗过程中不至于慌不择路，不至于在错的地方下手，不至于连一点点的反击能力都没有。这本书的价值就是告诉你，技术分析在这个市场当中能运用到何种程度。

"富可敌国"的愿景不在这本书能实现的功能范畴里，但顿顿有鸡腿甚至实现命运的部分改变，或许大有希望。之所以我说"部分改变"而非"全部改变"，只因"命"是生就了的，而"运"是自己走出来的。只要你足够勤奋，悟性也高，运气自然会垂青于你，即便"正值倾家无酒钱"，来日也会"千金散尽还复来"。想要终生进步还是一直沉溺苦海，全看自己的选择。

依然，股市是一个"有限"的真相，倘若你在有限的真相里面执着于"只要努力就能成功"，会对心理产生巨大冲击。即便你足够努力，依然会有错的时候。大多数人失败的次数比成功的次数多，而我希望，在看完这本书之后，你成功的次数比失败的次数多得多。

永远保持对市场的敬畏，这是我写在前面的一点忠告。在我看来，这本书最有价值的地方并不在于能教会你这样那样的技术，而是让沉浸在市场里的我们不断地在"卷人"和"被卷"的过程中保持深度思考。

那么，翻开下一页，开始探索精彩吧！

股市如人生，而人生如戏，有输亦有赢，似梦又非梦，在身经百战中，从青铜成长为王者。

目录 CONTENTS

上篇 领航

1. 股市中的三种钱，你最想挣哪一种 / 002
2. 5% 的抄底时机 / 004
3. RSI 指标实战应用之指数篇 / 009
4. RSI 指标实战应用之个股篇 / 016
5. 分时的最大秘密 / 022
6. "卷王"与"孤勇者"的生财之路 / 041
7. 跳着脚追的乐趣 / 047
8. 千金难买的卖出指标 / 052
9. 永远只吃一段的抄底 / 061
10. 偷窥涨停的游戏 / 067
11. 不输时间的玩法 / 075
12. 刀起刀落，接与不接 / 085
13. 圈住纸上富贵的一根线 / 093
14. 暴爽的谷底回归之路 / 097
15. 低位股的 AB 面 / 105

16. 盈利 25% 的"无赖式"打法 / 110

17. 反弹贵在"抢" / 120

18. 唯有量价最真实 / 124

19. 与牛共舞（上）：初见牛影 / 128

20. 与牛共舞（下）：盈利二忌 / 133

21. 去吧，去跟随趋势吧 / 137

22. 拥抱极限下的迸发 / 147

23. 高抛的艺术 / 151

24. 体面，从放掉大输开始 / 166

25. 成功的路径：3 小时 &15 年 / 172

下篇 归真

1. 有术无道止于术 / 184

2. 穷要张狂富要稳 / 187

3. 百年老店是个梦 / 190

4. 天下最难"取舍"二字 / 194

5. 坚守信念，方达远方 / 199

6. 睡着的鳄鱼也会咬人 / 203

7. 混沌过后，初心可在 / 206

8. 风浪越大鱼越贵 / 209

9. 天不生仲尼，万古如长夜 / 212

10. 建立概率思维 / 216

11. 告别楚门的世界 / 221

12. 懒惰是罪，勤劳永对 / 225

13. 放手才是幸福 / 229

14. 中年戒比，心静则安 / 234

15. 换到对面椅子上去想问题 / 240

16. 淬炼内功得始终 / 243

17. 暴富的诅咒 / 246

18. 职业炒家，当否 / 250

19. 给自己留条活路 / 254

20. 借假修真 / 258

21. 扛过所有逆境，往后皆是坦途 / 262

后记一 / 267

后记二 / 273

释放你的炒股潜力 · 人人可学的交易智慧

上篇

领 航

1
股市中的三种钱，你最想挣哪一种

欧洲现代最伟大的哲学家之一齐奥朗曾说过："生命是一种酩酊状态。"股市如人生，在诱惑、恐惧、贪婪、怀疑、狂热等各种情绪交织下，酩酊是常态，清醒却不多。但赚钱这件事，真的还得靠清醒。

任何踏进股市的人，目标有且只有一个——赚钱。但很多人却从来没有想过，自己想赚或者能赚的是哪种钱？在我看来，股市里的钱分为以下三种：

第一种，央行的钱。长期来看通胀会侵蚀你的现金财富。从配置的角度来讲，你长期持有一份资产（不是指一两只股票，也不是指一堆股票，更不是仅指股票），跟你持有现金大类来比，你会打平通胀。所以股市有一种钱是通胀的钱，也叫央行的钱。

第二种，上市公司的钱。上市公司给你挣的利润可能是超额的，也可能是不超额的。但如果你找了一家长期亏损的企业，则超不超额的问题压根就毋需考虑，因为钱没了。

第三种，彼此掏兜的钱。这是股市里面存在最多的钱。你挣我的钱，我挣你的钱，彼此掏兜，各赚差价。

在你进入股市后以及开始交易前，希望你永远先问自己一遍：我干这一把，挣的是什么钱？每个投资者都要把这个问题想明白，这也是我们的基础认知。理论上，90%的人都想挣快钱，而股市里头唯有上述第三种属于快钱，能不能挣到考验的是各位掏兜的能力。另有10%的投资者可能会想挣除掏兜以外的慢钱，这则需要耐心、格局以及独具的慧眼。搞清楚自己现在干的事情和想挣的那笔钱是否配套很重要，如果不配套，输钱是大概率的事。

当然，即便配套，输钱可能仍会是常态。输钱之后，无论你是心理上扛不住，还是仓位上扛不住，第一件要做的事情是，从难受的状态当中清醒过来！不陷入对短线的过度关注，不沉溺于对失误的自责深渊。诺贝尔文学奖得主帕特里克·莫迪亚诺在《夜的草》中写过这样一句话："过去的事情，不要去过度地搅动。这个世界并不见得很重要，谁承认这一点，谁就能赢得自由。"人生如是，炒股亦然。将使我们可以不搅动，但不可以不反省。"自省－积累－修正"，我从鲜有人知走到相对获众人认可，掏兜的技能直逼云端。

2

5% 的抄底时机

二十几年前我在营业部工作的时候，一看到行情马上要见底了，便兴奋地跑向一个个房间通知在里面看盘的客户：

"张老师，张老师，行情来了，满仓啊！"

"那个老王，干了干了！"

"老金，股票买好了伐？赶快买！"

诸多客户中，当属老金本事最大，不过是一个电子杂志的主编，在 2004 年左右资产就有 1000 万，这些钱全都是从股市里头捞出来的，那真叫一个厉害。他是我所在的营业部中首屈一指的大户，因此我每每看到他都特别客气。

一天我再次跑进老金的房间，告诉他行情已跌到头了，只见老金笑眯眯地朝我点点头，以一种心照不宣的态度回应着我。

我俩都按捺着身上每一个蠢蠢欲动的细胞，却又摆出一副淡定的模样似乎想要掩盖期许已久的满仓抄底的兴奋之情。此时，隔壁张老师推开门走了进来说："小薛你不用来通知我，我永远满仓。"

永远满仓的人，怎么帮得了他？我一遍遍讲这个故事，听的人一遍遍当成笑话。笑话还是悲剧是由人来定义，发生在别人身上可能是笑话，发生在自己身上可能就是悲剧。像张老师这种永远满仓的选手，如今二十年过去了，没准还在演绎着100万都没挣到的悲剧。

不常来的是机会，常来的不是机会。

股市真正抄底的机会，一年里面只有5%左右。按250个交易日来算，也就十来天的时间。怎么抓住这十来天的机会？有一个最简单最基础的指标可以参考——KDJ。乍一听这指标名称，似乎人人都会说："这个简单，我会用！"可往往真到用的时候却糊涂了。所谓5%的抄底机会，就是KDJ指标至少要到负值。如果KDJ的J都没到负值，与其说是抄底，不如说是"抄了个寂寞"。

2007年6月4日，上证指数暴跌8.26%，当日KDJ的J值为-8.525，随后指数一路震荡上行来到6124点。

2007 年 6 月 4 日上证指数日 K 线实时走势图

2008 年 10 月 27 日，上证指数暴跌 6.32%，当日 KDJ 的 J 值为 -3.056，随后指数一路震荡上行来到反弹高点 3478 点。

2008 年 10 月 27 日上证指数日 K 线实时走势图

2015 年 8 月 20 日，上证指数连续五天暴跌，对应 KDJ 的 J 值连续四天出现负值——8 月 21 日的 J 值是 -4.487，8 月 24 日的 J 值是 -16.853，8 月 25 日的 J 值是 -20.702，8 月 26 日的 J 值是 -16.030。随后指数一路出现反弹。

2015年8月26日上证指数日K线实时走势图

  一定记住，不需要时时刻刻调兵遣将，而是在这5%里头火力全开。但如果滥用KDJ去炒个股，估计会加速倒下的时间，毕竟个股下跌的原因有很多。之前就有一个投资者，学了我的另一个抄底指标（RSI相对强弱指标）后，根据这一指标竟集齐了所有退市的股票。要说"集齐"两字，还得益于当年达到退市标准的股票家数不多。将这些集齐完了之后，这些股票就一直安静地躺在账户上，没有掀起任何水花，好似我们每个人微信上躺着的那些彼此互不联络、又不大愿意删除的微信好友，当这个投资者再度想起它们时，它们已经默默去了三板市场。

  这个人就是我的母上大人，是我第一个教RSI指标用法的学员。而被母上大人蹂躏的这个股票账户，至今已有二十多年没打开看过了。都说做人要直面惨淡的人生，等真到了需要直面的时候，勇气还是会差那么一点点……

  这件事情告诉我们，任何一个抄底指标用在永不消失的指数上那叫没毛病，但如果用在个股上，则一定要先掂量其有没有退市风险。即便反复确认了这只股票不会退市，但想要单凭一个 KDJ 指标或者 RSI 指标就能在股市挥洒自如，也实在太不现实。没有哪一招学去了就能随便用，这句话一定要谨记。

另外，对于 KDJ 的参数设置问题，我通常习惯用东方财富的行情软件，只要恢复默认就行，也就是（9,3,3）即可。我不喜欢把简单的东西搞复杂，靠改参数来解决问题是很愚蠢的一种行为。我时常听到有同行为了赚钱故弄玄虚："我跟大家讲啊，那个指标不好用，经过我这么改良以后，就变成了独特的参数，外面没有的。光这参数就值 100 万，我今儿 10 万块钱卖给你们……"然而时过境迁，现在再去看看，那些卖指标的人还有活路吗？越是迷在错误的事情里头，越与成功渐行渐远。公认的权威指标岂是谁都可随意更改的？

3

RSI 指标实战应用之指数篇

母上大人在 RSI 指标运用上的折戟，让我明白这的确是一个好用的抄底指标，然而成也萧何败也萧何，它既能带给我们出坑的快感，也可以将我们暴击到怀疑人生。一念天堂一念地狱，取决于你能否正确使用。

所谓 RSI 指标，也称"相对强弱指标"，是除 KDJ 之外另一个重要的辅助抄底的工具。理论上，该指标数值的波动幅度范围在 0—100 之间，通常 70 以上看作强势高位，30 以下看作弱势低位。不过在实际操作过程中，只要数值处在 25—75 的区间范围内，我们都视为正常走势。对于"正常"的定义，便是可以在此做高抛低吸。比如当 RSI 指标接近 25 而不破，则股价反弹。类似中证全指 2023 年 2 月 3 日 60 分钟图 11:30 的这根 K 线，RSI 指标打到 28.678，跌而不破 25，于是肉眼所见出现了上涨。

2023 年 2 月 3 日中证全指 60 分钟 11:30 实时走势图

那么，当 RSI 指标打破 25 会发生什么？比如中证全指 2023 年 2 月 16 日 60 分钟图 15:00 的这根 K 线，RSI 指标打到 22.851 之后，短线则继续杀跌。

2023 年 2 月 16 日中证全指 60 分钟 15:00 实时走势图

因此，当 RSI 指标尚未跌破 25 的时候，你可以按照高低临界反手操作一把；而当其跌破 25 的时候，你得明白这算是某种程度的跌崩，跌崩自然会带来情绪的宣泄，宣泄的过程往往需要四个时间周期——日线上的跌崩，对应四个交易日的情绪宣泄；周线上的跌崩，对应四周的情绪宣泄。在这四个时间周期当中，所有出现的反弹都可能会被灭掉，尤其对于周线级别来说，将近一个月的反复折磨足以使得投资者的热情和期许消耗殆尽，所以一定要等到这个周期全部走完再下最后那一手。

跌崩当属心理层面，所折射出的行为金融学理论的知识点是：总有一部分人看到大阴线后乱了心态，于是在自觉扛不住的情况下错误抛售手中筹码，短时间的集中卖压会导致股价往下沉一波，砸出来的低点反而变成了中短期的反手点。想要抓住这样的反手点，不仅需要读出别人的恐慌，更需要拥有异于常人的勇气。

勇气这东西，很难说明白怎么获得。每每看到下跌而买入，究竟是基于勇气还是恐惧？无数次的抄底，一抄就起的经历究竟有几次？

很多人一跌就买，无非在干预见自己又将被爆锤的命运，于是条件反射想抄起家伙干他两下。但能干掉吗？既没实力又没胆，何来反转的故事结局！明知打不赢，不如将力气留在关键时刻用，兴许每一个关键时刻的胜率叠加，还能唤回内心缺失已久的勇气和信心。

那么，什么才是关键时刻？

比如上证 50 指数 2022 年 3 月 15 日的这根日 K 线：

2022 年 3 月 15 日上证 50 日 K 线实时走势图

再比如上证 50 指数 2020 年 2 月 3 日的这根日 K 线：

2020 年 2 月 3 日上证 50 日 K 线实时走势图

又比如上证指数 2018 年 2 月 9 日的这根日 K 线：

3 RSI 指标实战应用之指数篇

2018 年 2 月 9 日上证指数日 K 线实时走势图

还有上证指数 2013 年 6 月 24 日的这根日 K 线：

2013 年 6 月 24 日上证指数日 K 线实时走势图

这些日 K 线的共同特征便是 RSI 指标打到 10 以下。如果说 20 以下是发出了抄底的信号，那么 10 以下便可"无脑低吸"。这个机会可能一年也未必有一回。往往出现这样的机会，都伴随着重大利空的发生。譬如 2020 年 2 月 3 日这一天，长达三年的疫情肆虐正式开启；2018年2月9日这一天，特朗普决定开始制裁中国，2013年6月24日这一天，央行测试流动性，不破不立，百废待兴，正因为经历过1849点的至暗时刻，才能拥抱两年后5178点的璀璨辉煌。

你始终要相信，股市有它自己的节奏。哪怕遇到狂风暴雨，我都没慌过，看到RSI指标打到10以下，干就完了。这是唯有熊市才能见着的机会，因为稀有，才值得倍加珍惜。这样的机会买到即赚到，暴跌即爆买，可以说无一次失手。

当RSI进入到20以下，便是"臭水沟"来了的标志。你过早介入一秒，被恶臭熏死的概率就多添一层。类似中证全指2022年4月21日、22日、25日、26日这四天，RSI指标分别为17、17、8、7。

2022年4月26日中证全指日K线实时走势图

有人在第一天见到17之后就不停嚷嚷："赶快动手，赶快动手！"我总是拦着这批迫不及待要往臭水沟里跳的人，跟他们说：且慢！因为此时介入很容易陷入到一段跌势最快的行情当中去。你不抄底，损失还小一些；一旦抄底，说不定很快就淹死。单是这四天的情绪宣泄，就让中证全指跌去10.6%。过早跳下去，被熏死的概率极大。

抄底最重要的一点，是看别人割不割，看别人买不买，只要还有那些头铁的人继续坚持着，抄底的成功率就会下降。所以，等他人崩坏，等他人溃散，标志就是RSI指标处于10以下，然后绝不留情反击。这里还可结合量能来进一步判断抄底的成功率。通常下跌缩量阴（类似上图2022年4月26日这根K线），可能会是最后一根阴线。如果次日出现看涨吞没信号（类似上图2022年4月27日这根K线），即右边K线比左边K线大，长阳线吞噬掉前一天的低点，那么大概率就是成了。

那如果抄底抄在下跌缩量阴的前一天，也就是2022年4月25日怎么办？忍一忍就过去了嘛。压力是逐渐累积的，累积到一定程度它就释放了。就好比在一个封闭的环境里头，对一个人各种折磨，在接触不到外界也不知道尽头在哪儿的情况下，很快就会绝望，绝望之后通常要不了三天就会把该招的都招了，不该招的也招了。所以在RSI（相对强弱指标）打到10以下介入，要扛就拜托你扛过三天，要不然索性不扛。

4
RSI 指标实战应用之个股篇

这世上的很多成功源于执着。但过于执着，往往会偏离方向，这也是我几乎很少公开去讲 RSI 指标对于个股运用的原因，生怕普通投资者拿去用了之后反而弄巧成拙。最典型的案例便是我的母亲用 RSI 指标集齐了所有退市的股票，其投资结果自然可想而知。错误行为的发生源于 RSI 指标用于个股要有一个必要的前提条件，那就是"本体不会灭失"——这是所有的逆向操作都存在的一个基本假设。如果这个基本假设错了，最终的结果也会是错的。

股市是虚拟经济，虚拟经济犹如镜花水月，不过影子而已。股市好玩的地方就在于，本体没法炒，而影子是可以炒的。影子是模糊的，本体是清晰的，影子不会脱离本体而存在，所以指数会永远存在，个股却不一定。道琼斯指数最早的成分股至今只剩下一家通用电气，然而道琼斯指数一直都在。正因为本体不会消失，我们才得以能够反向操作。倘若我开个口子说个股也可以用 RSI 指标反向操作，一定会有人找出 RSI 指标数值最低的个股去买。他们忽略了一个基本事实，最低的那批股票也一定是最有问题的股票。老实说要不是当年我的母亲 100% 的执行力，我都不知道这招的杀伤力可以有那么大。

  RSI 指标可以用于个股操作，但使用之前一定要将这六个字默念三遍：本体不会灭失！本体不会灭失！本体不会灭失！对于本体灭失这件事情我概不负责，以下内容也全都基于在个股本体存在的情况下而展开。在本体存活得好好的情况下，影子的偏离一定是光的问题，它最终会回到本体去。我们只要抓到偏离，就相当于抓到了机会。

  指数的偏离呈现在 RSI 指标上数值是 25 以下，75 以上；个股则是 20 以下，80 以上，而在 20—80 之间属于正常波动。之所以参数不同，原因在于个股的波动总是比指数要大，这既是经验之谈，也是实际情况。因此对于个股而言，极限的高点是 80，极限的低点是 20，20 以下便会出现崩溃。大盘崩溃后的情绪宣泄需要四个时间单位，而个股往往只需要两个时间单位，平均第二个单位是介入抄底最优时机。正如科汇股份（688681）2023 年 6 月上旬的走势，6 月 8 日是 RSI 指标跌破 20 的第一天，数值打到 15.178，次日打到 15.623，随即第三个交易日便出现了反弹。

2023 年 6 月 8 日科汇股份日 K 线实时走势图

　　这种类似指数抄底的打法，属于通用公式。不过 RSI 指标对于个股的运用可不止这一种，另一种打法我将其称之为"天地线"打法，即个股的弱势低位临界点可以取决于之前股价最低点的 RSI 指标是多少，在之前完成的极限点附近我们可以买左侧。举个例子，站在 2023 年 6 月上半月看火炬电子（603678）的这波下跌，在此之前该股最低点出现在 2023 年 3 月 28 日，当天 RSI 指标打到 9.755，随后发生了一个反向运动。由此可知，9.755 是这一波的低位极限点。

2023 年 3 月 28 日火炬电子日 K 线实时走势图

那么 2023 年 6 月上半月的这一波下跌，其低位极限点便可据此做参考，只要某一天 RSI 指标再度打到 9 附近，就形成了一个博弈点。而这一天出现在 2023 年 6 月 14 日，对应 RSI 指标为 8.721，次日如期出现反弹。

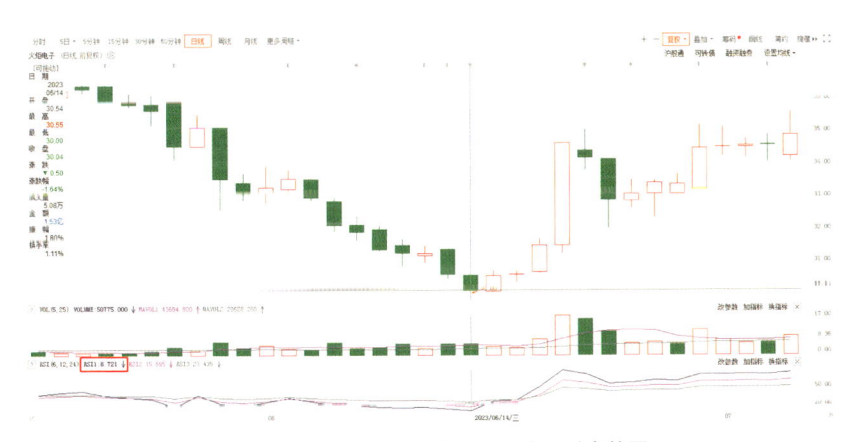

2023 年 6 月 14 日火炬电子日 K 线实时走势图

至于反弹到哪里？有个经验公式是：低位极限点的 RSI 数

值 +50。以 2023 年 3 月 28 日这一天来算，9.755+50=59.755。事后验证，这个数值在 2023 年 4 月 10 日达成，当日 RSI 指标为 61.069，这一波的反弹高点也在此形成。

2023 年 4 月 10 日火炬电子日 K 线实时走势图

当然"+50"并不绝对，胆小的投资者可以少加点，比如 +45；胆大的 +50；更有激进的甚至 +60 也不一定会有问题，这其中的"度"唯有自己不断尝试、慢慢体会之后才能渐渐拿捏得恰到好处。至于个股抄底何时用通用公式，何时用"天地线"，也完全由个人感受来决定。感受怎么来的？当然是多实践几只股票的交易。

其实打法的选择不难，难的是在这种看似恐慌的当口能不能逆着常人的思考去下注。当大部分人都惧怕的时候，你要明白此时应"攻"而非"守"。我之前做过一个统计，中证全指 2022 年 4 月 26 日走出下跌缩量阴的次日，看涨吞没形态的出现意味着当天顶着那么大的恐慌把指数买起来的一定是机构资金，这一天板块监测涨幅榜前十大板块中所有涨停的股票我计算了一下，翻倍率都在70%左右。只要你有福气把钱留着，留到这种绝对筹码交换出来的时刻，你会发现得到的远比承担的要多。在股市中，该摸鱼的时候摸鱼，在该亢奋的时候亢奋，甚至到了关键时刻，连工作都要放一放，因为一年中挣大钱的机会也就这么几天，偏偏就这几天，说不定能覆盖你一年的收入。

5

分时的最大秘密

　　格局大的投资者，通常不会整日盯着分时图看。实际上，分时图是最不值得讲的，因为它过于千变万化。其较为有用的价值在于"均价之上 & 均价之下"。如果想要买在日内一个相对的低点，通常价格应尽可能买在均价线附近。过低地偏离均价线，通常没好事，股价被打太深往往代表着走势已坏，若打深之后再往上回，策略上应减仓。而过高地偏离均价线，就会在次日形成套利空间。比如中润资源（000506）2023年3月17日的分时图显示，该股平均成交价格是5.25元，对应的是分时图上的蓝色线（本书中所有指标涉及到的颜色标注，均以东方财富软件白色背景为前提），而当日收盘价是5.56元，盘中上车的人至尾盘就已获利5个点，这对于尾盘上车的投资者来说，相当于第二天要顶着5个点以上的溢价去操作，这就显得很被动。因为根据"处置效应"，很多时候次日盘中会出现

回落，而回落的第一波往往是打到平均成本附近。

2023年3月17日中润资源当日分时图

很多人对"处置效应"四个字不理解，翻译成大白话就是一般人处理自己股票的方式。什么才是一般人的处理方式呢？即小盈便想跑，割肉舍不得。所以超短线客在浮盈之后，往往想着落袋为安，便有了次日集中抛出动作，这就形成短期卖压，反映在股价走势上即看到分时的回落。当面对账户大幅浮亏现象，处置效应又会变成哪怕是亏一分钱，都好似手指被僵住那样迟迟按不下卖出键，时常能看到日线上放量大跌阴K之后常跟一根停滞缩量的小K线。在一定程度上，炒股即炒人性，说难也难，说不难也不难。

分时图的均线除了上述作用外，另一个用处在于，通过股价是否在均线之上来判断放量涨停后的一波回撤何时会出现转机。比如张江高科（600895）2023年3月9日涨停，随后走了一个"上升三法"的图形。

2023年3月9日张江高科日K线实时走势图

期间三根震荡洗盘的小阴线分时图分别如下所示：

5　分时的最大秘密

2023年3月10日张江高科当日分时图

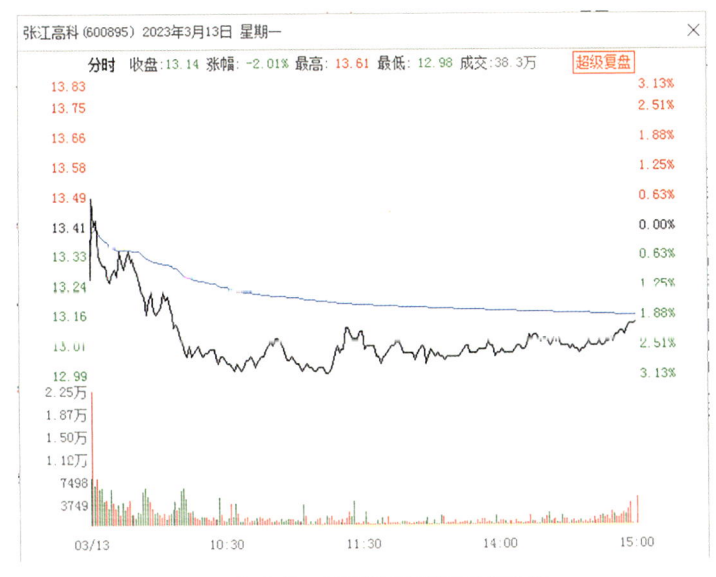

2023年3月13日张江高科当日分时图

2023 年 3 月 14 日张江高科当日分时图

　　三张图的区别在于，前两日股价均未在均价线之上，而回调第三天的分时走势已开始往回收敛，并且尾盘站上均价线。这个信号释放出下跌转折可能要来，果不其然次日股价再拉阳线，由此又迎一波升势。

　　苏州科达（603660）2023 年 3 月 1 日同样走了一个"旗杆旗面"的图形。该股 3 月 1 日涨停，3 月 2 日走出一字板，3 月 3 日开始高位回落，3 月 6 日、7 日、8 日、9 日连续整理，3 月 10 日重迎来升势。

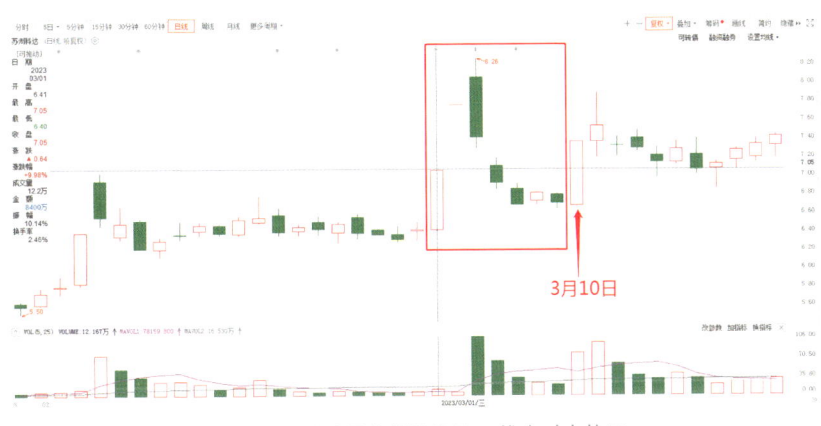

2023年3月1日苏州科达日K线实时走势图

对照以下回落整理这几日的分时图可看出，股价站上均价线出现在3月8日及3月9日，前者是阳线，后者是阴线，阴线下的均线修复往往比阳线下的均线修复更能提供好的买点。

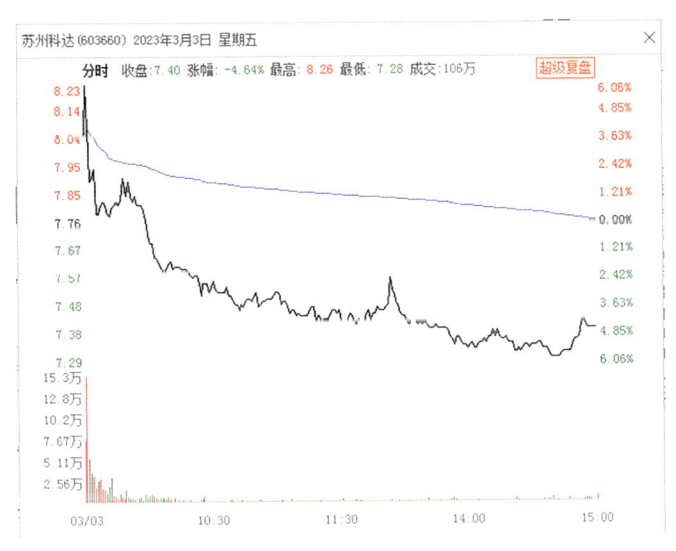

2023年3月3日苏州科达当日分时图

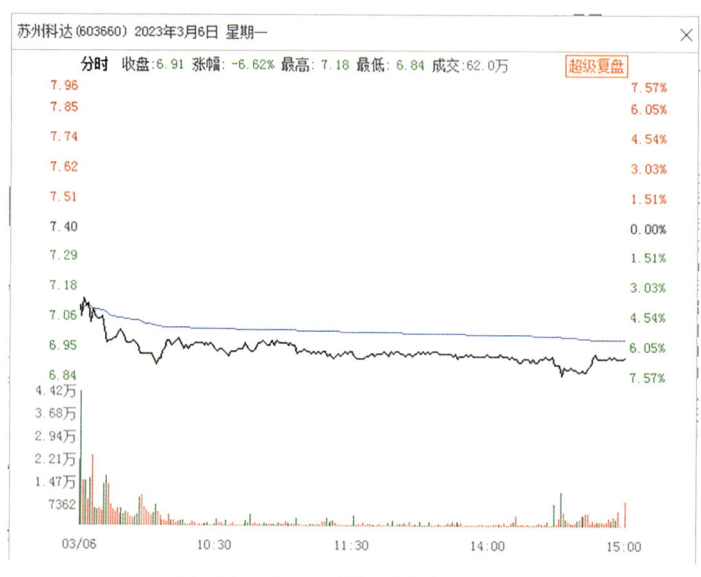

2023 年 3 月 6 日苏州科达当日分时图

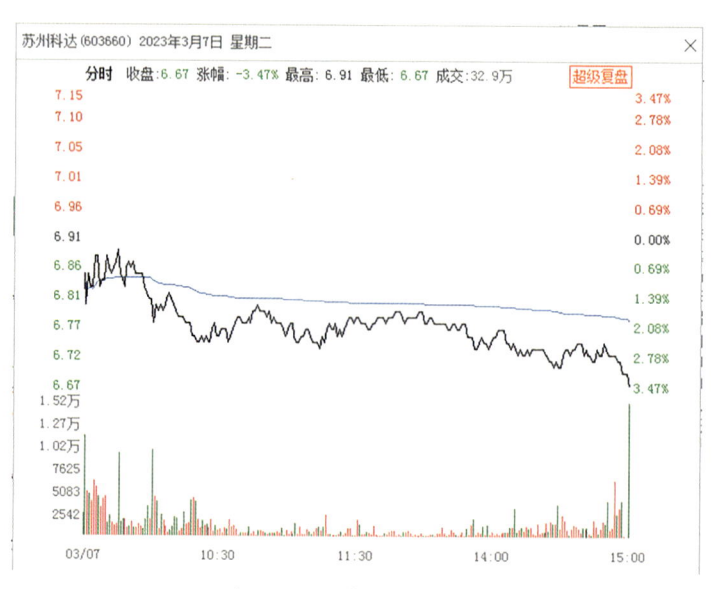

2023 年 3 月 7 日苏州科达当日分时图

5 分时的最大秘密

2023 年 3 月 8 日苏州科达当日分时图

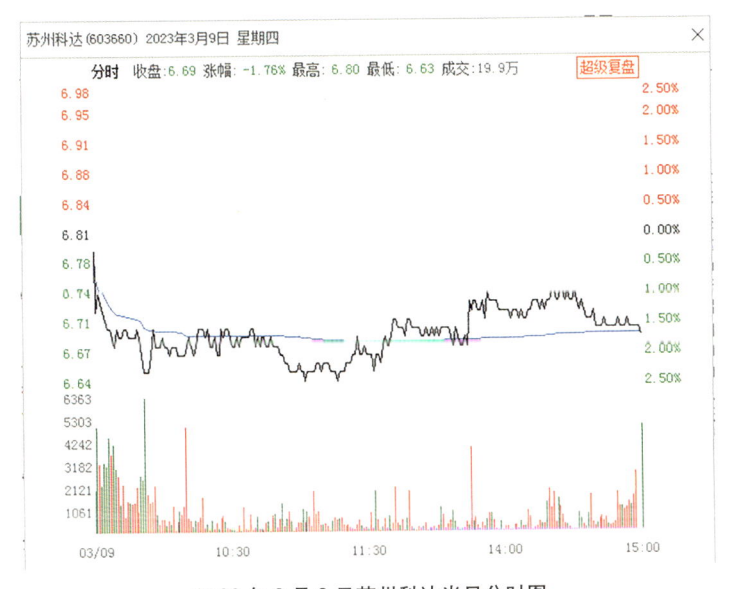

2023 年 3 月 9 日苏州科达当日分时图

029

买点可以这样判断，卖点也可以如是参考。当一只股票开始走连板模式，能否继续持有同样要观测分时图上尾盘股价有没有站稳均价线。这里对于"尾盘"的定义可以以两点半或者两点三刻为尺子。

漫步者（002351）2023年3月17日开始涨停。其中，3月20日、22日、23日、24日、27日这五天，股价均在尾盘收于均价线之上，但3月21日这一天显得有点似是而非，如果当日选择卖出其实也合乎逻辑，但不走的话就能抓到之后一波短线上涨行情。很多时候指标偏偏落在临界点上，滑进滑出都可能带来假信号，这是在技术分析上我们需要容忍的地方。但到了3月28日这一天，股价明显在尾盘收于均价线之下，此时便要下定决心走。

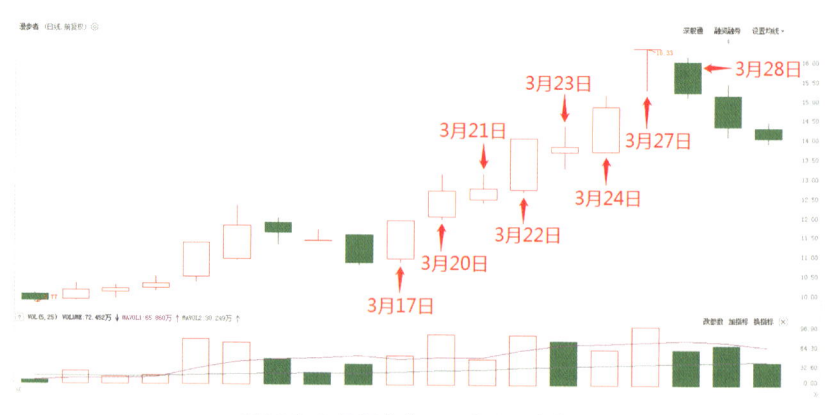

2023年3月漫步者日K线实时走势图

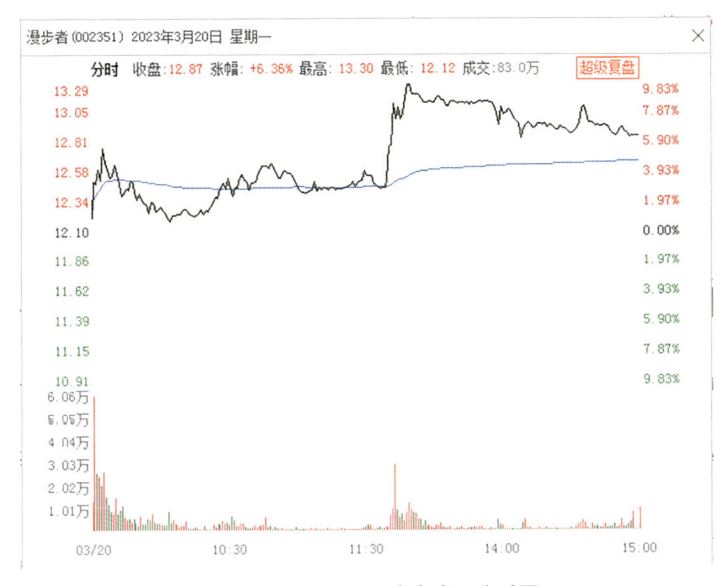

5　分时的最大秘密

2023年3月20日漫步者当日分时图

2023年3月21日漫步者当日分时图

031

2023 年 3 月 22 日漫步者当日分时图

2023 年 3 月 23 日漫步者当日分时图

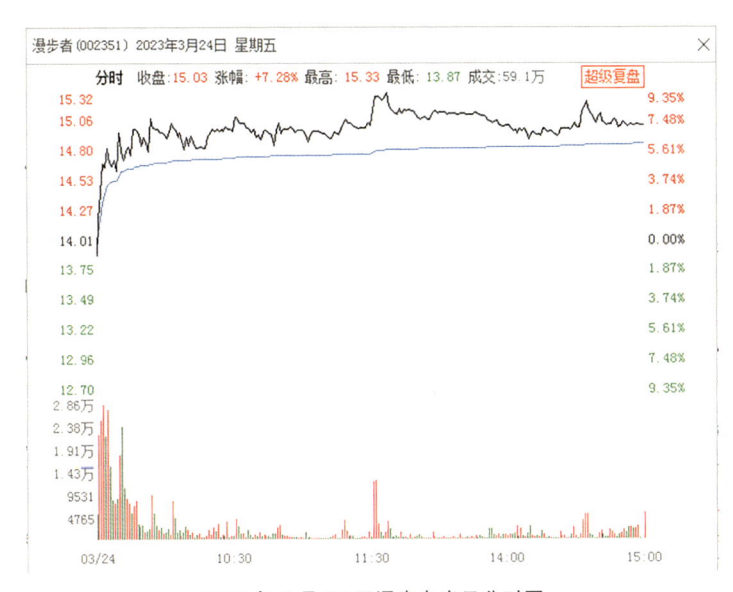

5　分时的最大秘密

2023 年 3 月 24 日漫步者当日分时图

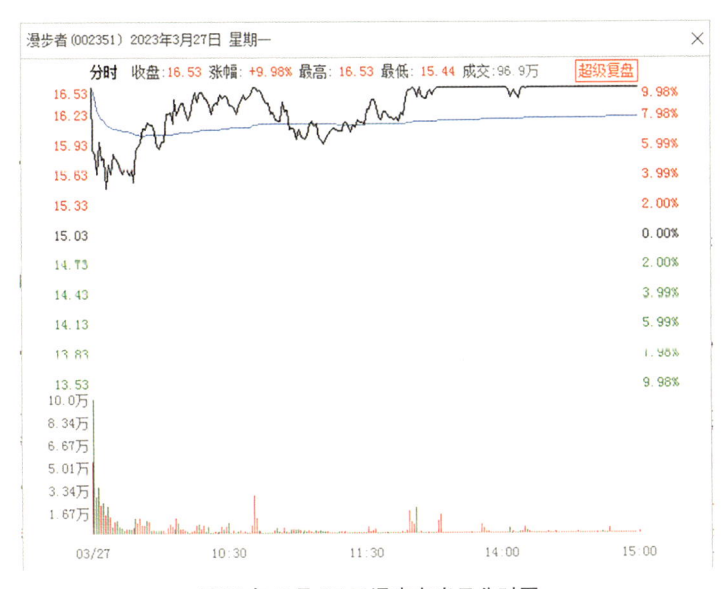

2023 年 3 月 27 日漫步者当日分时图

2023 年 3 月 28 日漫步者当日分时图

    这样的例子有很多，宣泰医药（688247）2022 年 12 月上半月出现一波拉升，12 月 9 日、12 月 12 日这两天股价全在均价线上方，可继续持有。12 月 13 日尾盘两点半股价落在均价线可上可下的地方，所以这一天卖也没问题，扛也没问题。12 月 14 日信号依旧不明显，但 12 月 15 日股价算是明显处在均价线下方，因此最晚等到当日两点半之后，应决定离场。

5　分时的最大秘密

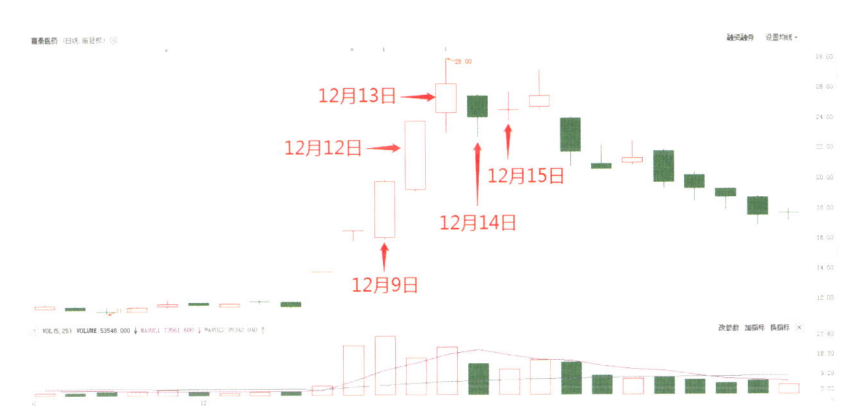

2022年12月宣泰医药日K线实时走势图

2022年12月9日宣泰医药当日分时图

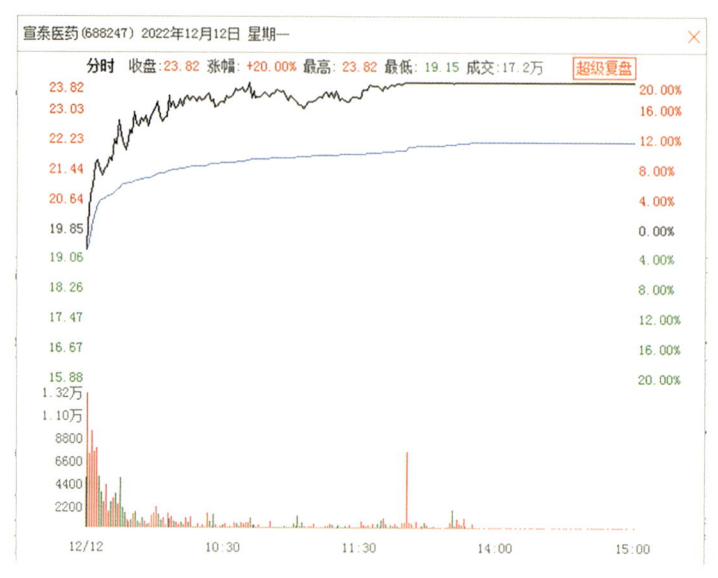

2022 年 12 月 12 日宣泰医药当日分时图

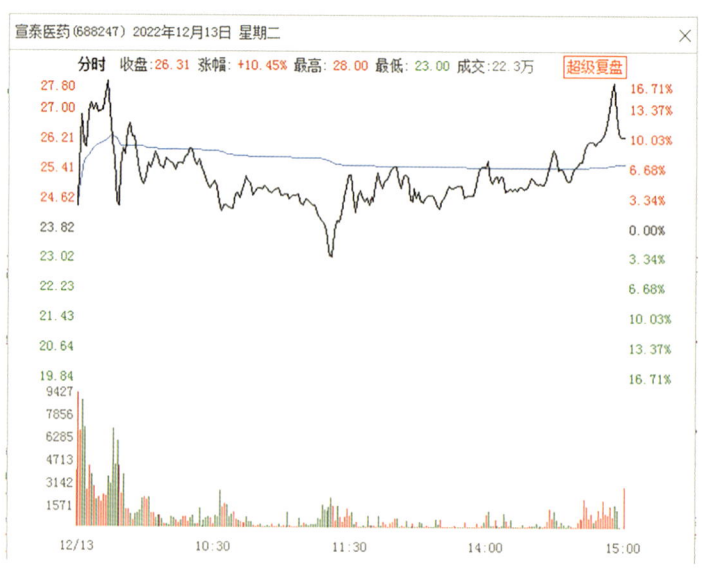

2022 年 12 月 13 日宣泰医药当日分时图

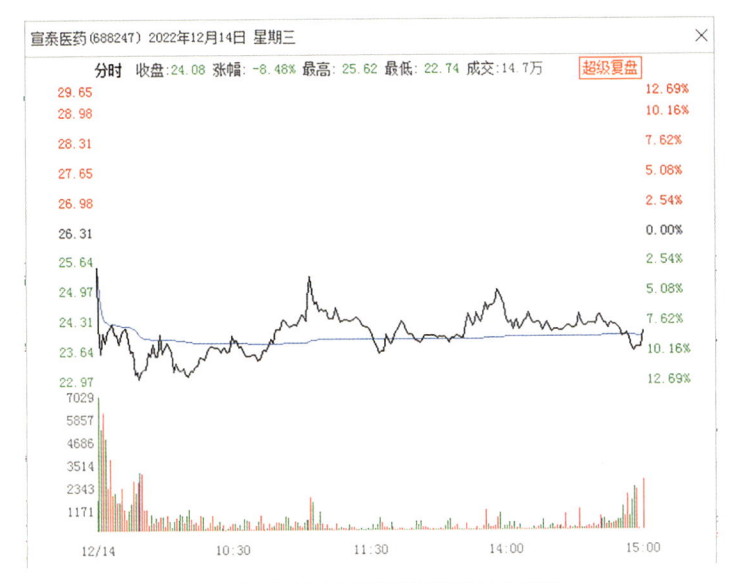

5　分时的最大秘密

2022 年 12 月 14 日宣泰医药当日分时图

2022 年 12 月 15 日宣泰医药当日分时图

· 037 ·

人人乐（002336）从 2022 年 12 月 6 日至 12 月 21 日，股价全都在均价线之上，但到了 12 月 22 日这一天明显处在均价线之下。倘若当天这根 K 线不跑，次日跳空跌停就没得玩。至于后面的二波升势，属于另一种打法，在此不予讨论。

2022 年 12 月人人乐日 K 线实时走势图

2022 年 12 月 21 日人人乐当日分时图

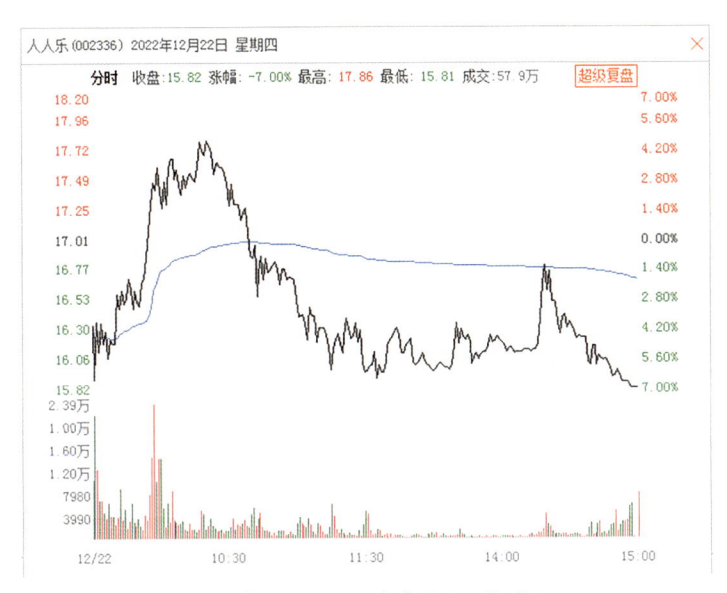

5　分时的最大秘密

2022年12月22日人人乐当日分时图

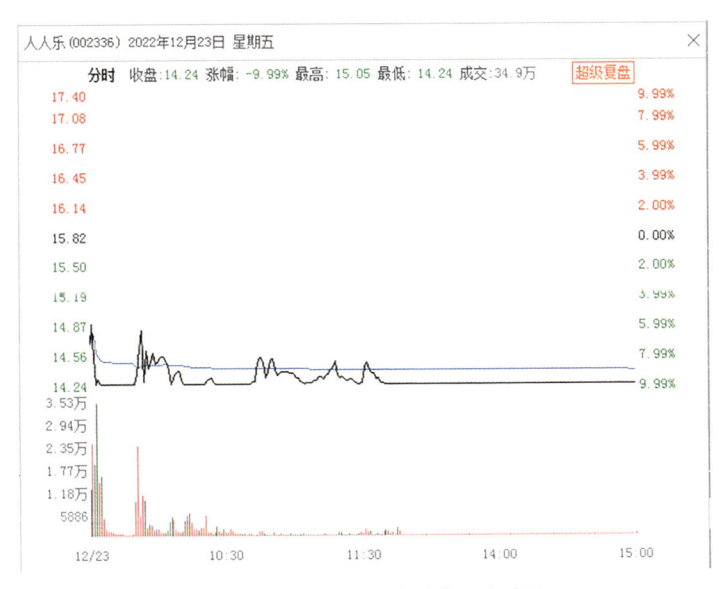

2022年12月23日人人乐当日分时图

· 039 ·

股市没有简单规律。通过分时图上股价与均价线的相对位置关系，我们的确可以找到一部分类似走势图形当中的行情转折点，然而这并非全部。在我的定义里面，超过 70% 的概率就算是规律，但规律不能保证 100% 正确。股市若有 100% 正确的存在，谁还会穿梭于楼宇的缝隙只为碎银几两？天道酬勤，不劳而获的机会即使有，也只限于一时，不可能一世。我是一个悲观主义者，人生的苦难是守恒的，需要凭借辛苦的修行将其一一化解。股市是修行的道场，不是暴富的沃土。所有股市里总结出来的规律，都会带来投资结果的成与败，无非"成"的概率多一点，"败"的概率少一点。无数大概率的"成"会不会让你暴富？我说了不算，你说了也不算。但行好事，莫问前程，说的就是这个理儿。

6

"卷王"与"孤勇者"的生财之路

这世上要做成一件事，抛开努力的成分必定还掺杂着运气的因素，但前者是一个必选项。

我生于20世纪70年代的上海。如今的上海，是一座国际化大都市，但三十年前的空气中则到处弥漫着落后和不便的气息——住亭子间、烧煤球炉、用手拎马桶，这些都是我这个土生土长的老上海的深刻印象，把生活中的碍上碍下彰显得无处遁形。学习方面也和如今互联网时代的便捷程度大不相同。回想二十多年前我在证券营业部工作的那段日子，没有炒股软件，甚至没有电脑，一切都浸润在简单而又质朴的氛围中，质朴到我对于炒股知识的扩充全靠一页一页地"啃"纸质书籍，质朴到很多技术指标都靠我手中的铅笔在纸上来来回回地算。虽然周遭环境差了点，但也正是由于当年知识传递的成本较高，早年的技术指标准到可怕。

时至今日我依旧清晰记得，证券营业部中仅有的几台电脑被安置在大户室中，我跑去那儿使用电脑研究技术指标的次数并不算多，更多的是按照炒股书上介绍的公式自行演算。这当中有一个指标我用得最多，那就是"资金趋势"。所谓"资金趋势"，顾名思义指的是资金流入与流出的趋势。然而这个指标仅仅是一个定义，不是一个事实。任何一只股票每天都有买有卖，通常主动性地大单买入，类似扫盘那种，即被称为"流入"；主动性地往外抛售，即被称为"流出"。这只是根据算法的不同，对应不同的名称而已，并不影响我对这个指标给出"好用"两字的评价。背后的原因在于，任何统计口径只要是一致的，它就能用。就像民兵训练打枪，假设这把枪的准心并不精准，而我们又能事先知晓这把枪的问题在于准心往右偏，那么打靶的时候只要把枪稍微往左瞄一点，同样能达到人枪合一的地步，这就叫"借假修真"。换句话说，只要你能摸准一个指标的特性，并且学会不断校准，这样即使你心里明白它没那么准确，也能预料到在应用过程中会碰到哪些问题，那这些问题就不是问题。"千招会不如一招精"，无所谓资金流入流出是真是假，只要摸透规律将其用好就行。怕的是你东学一招，西学一招，老是拿别人的枪来使，把把不准之后自然就会陷入自我怀疑。

我和这个指标打了很多年的交道，时常用它来处理"涨停流出板"的问题，即：股价封板涨停，但资金趋势指标显示有资金在往外流出。遇到这种情况，我总结出的应对方式概括为四个字——次日高抛。次日如何高抛？原先的经验公式是在当天股价涨停的基础上加 7 个点，而现在则是加 5—10 个点不等。

2022 年 8 月 26 日黑芝麻日 K 线实时走势图

如上图黑芝麻（000716）在 2022 年 8 月 26 日尾盘封涨停，资金趋势指标显示资金流出，从而形成涨停流出板。按照 8 月 26 日的涨停收盘价 4.54 元计算，加 5% 为 4.767 元，加 10% 为 4.994 元，那么次日便可在 4.767 元至 4.994 元之间寻找卖出时机。

之所以将原先确定的一个数值改为一个区间让投资者自行寻找获利了结点，原因只在于一个"卷"字。准，是因为之前不"卷"；一旦"卷"的人多了，也就不那么准了。早年没人和我"卷"的时候，次日 7 个点的高抛位置每每拿捏起来得心应手，但之后渐渐发觉，这个数值的胜率在慢慢下降，我意识到"卷王"来了。

"内卷"态势一旦形成,力量不可小觑。假设每个人卖1000股黑芝麻,1000个人就是100万股,按10元每股股价来算便是1000万,要知道龙虎榜排名第一的资金体量也不过如此。任何微小力量通过聚集,都可能会形成巨大的爆发,而一旦这股爆发的力量都作用于7%的位置上去卖,先不说冲击会有多大,能不能成交都是个问题。因此,将一个数值换成一个区间是为了帮助投资者从"卷"的漩涡中尽可能地抽离出来,至少能做到既有的赚又能退得出。当然在万事皆可"卷"的当下,终有一天这个区间也会被各路"卷王"吞噬,进而逐步失效。我们能做的,无非是"贵在坚持"。坚持到别人都"卷"得受不了了,就轮到我们挣钱了。届时就使出浑身解数拼命"卷"别人吧,按照5个点、4个点、3个点往下挂……你不把别人"卷"死,别人就会把你"卷"死,与其这样,不如先下手为强。资金流出板的套利模式大致就是这样,无非看"卷"的程度。在该"卷"出的时候要果断"卷"出,在该进去的时候要坚定进去,既然决定做短线,千万不要恋战,要让自己养成一单即扫的习惯,否则即便找对了高抛的点,被别人一"卷"又抛不出去了。

当然,资金趋势指标的好用之处并不仅限于这一种套利模式,还有一种可以结合指数来看。当看到指数上资金趋势指标呈现巨大流出的时候,往往说明市场陷入恐慌,散户跑得比撒腿的兔子还快。此时若跟着一起跑,就错了。在主力流出之后,次日大概率是反弹,这源于之前提到的"处置效应"——当天的恐慌释放得非常充分，在"洗牌"中，舍不得抛的不会抛，能抛的都已抛，短线里头躁动的心退出之后，反而盘清了，因而稍有买盘和补仓就会往上涨。

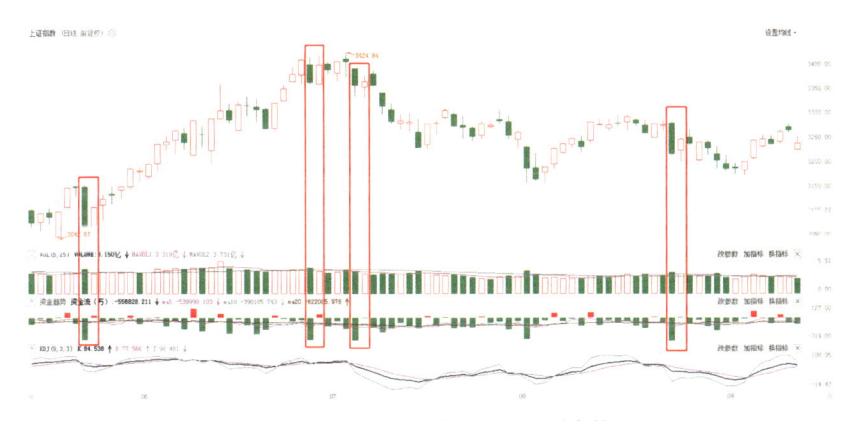

2022 年 5-9 月上证指数日 K 线实时走势图

真正的恐慌抛出其实是试金石。因此当天若跟进首板个股，通常在之后会有套利空间，但前提条件是股价已便宜到不会再有人愿意在这个价格水平上抛售。

很多时候，恰恰是在你感觉将死未死之际才有钱赚。反过来，你觉得是机会，未必是机会。当所有人都在往外跑的时候，你得像一位"孤勇者"挺身逆行。某种意义上，这种特立独行是天生的，这类人可能就是先天脑袋后面长了反骨。更多的情况是大部分人都没有这个意识，所以需要长期训练理性和感性。理性就是有人带着你，让你看到；感性就是你得自己进行交易，一次、两次、三次……从 100 股到 1000 股，从 10% 的仓位到

20%的仓位，如此反复训练，直到形成自己的正反馈，包括心理和经济这两方面。没有感性上的勇于尝试，人不会成功。如果一开始不习惯这样去做，也没尝到成功的甜头，的确下不了手，"知易行难"就难在这儿。好比把羊群里的羊变成狼，完全逆着羊的基因去改造，想想看这有多难！可是来到这个市场，谁都不想成为羊，只想成为狼，角色的转变总要付出一定代价。

7
跳着脚追的乐趣

很多时候，我们付出的代价不仅仅是心理上的煎熬，更有实实在在的损耗——要么输钱，要么输时间。炒股最难的地方在于"何时到何价"，即便是对于在股市混了二三十年的老手来说，也时常难免受困于其中。在我遇见石头（我徒弟）的第一天，我就问过他："你能定周期吗？"得到的回答同样是"不能。"于我而言，如果一只股票能定周期，比如可以测算出洗盘的时间，那么炒股就会变得容易很多。然而但凡存在强博弈性的事物，哪有容易的道理？事实证明，石头定不了周期，我也定不了周期，任何普通的投资者都定不了周期。能定周期的，唯有我们看不见的操盘手。

拿"洗盘"这件事来说，被洗者压根就没有话语权。普通投资者永远猜不透主力洗盘会洗多久、洗几次。在一个猜不到的地方去守候，就像在一个不会回头的渣男身上浪费时间一样愚蠢。好比苏州科达（603660）这只股票，洗盘时间从 2022 年 11 月 9 日到 2023 年 2 月 3 日，足足持续了三个月。整体来说这只个股的洗盘还算温和，这一波的回撤幅度连 20% 都不到。但倘若三个月当中出现大盘震荡上扬而手里拿着的股票却被"洗"得一路阴跌不休，持有者即便嘴上不提难过，行动上也未必真扛得过去。

2022 年 11 月 9 日至 2023 年 2 月 3 日苏州科达日 K 线实时走势图

被"洗"就得认，毕竟话语权不在我们普通投资者这里。我们只是上车的乘客，而对方才是开车的人。每个操盘手都有一套自己的计划，当他决定开始洗盘的那一刻起，剧情就变成了"我让你下车，你就得给我下车。你只要不下车，我就一直'洗'。"因而被"洗"下车才是意料之中的结局。

洗盘的方式有很多，比如通过跌停洗盘，或者打到布林线下轨洗盘，手法不一，都很隐蔽。更有好庄家边拉边洗，洗到最后谁上车就带谁走。像这种拉高洗盘的方式，倘若在这过程中最大量的换手都不到10%，垫伏在里面的筹码必定不会完全出清，那么当股价跌下来回到箱体底部，此时再上车大概率还会有套利空间。只不过对于已经被"洗"出去的投资者而言，十个里面有八个不会再上车，因为这是人性。

坦白说把眼光盯在主力是否进行洗盘问题上很不值。一旦投资者倾向于此种布局，投资效率便会大幅下降，就像苏州科达洗了整整三个月，钱和时间全都搭进去，最后要是赚钱了还好说，否则就是赔了利润还浪费生命。当然，像这种较长时间的洗盘动作也不会太多见，毕竟洗盘也需要消耗庄家的时间成本，大部分操盘的钱其实都是借来的，有时间限制。时间成本一旦过长，一个月过去了，两个月过去了，三个月过去了……股价如果还没拉起来，就算再有耐心的老板可能也忍不住要怒火中烧地跑来质问操盘手：

"你到底是'洗'我还是'洗'他们？"

"你弄弄清楚好伐，我的钱是借来的，不要利息的啊！"

"你天天磨叽来磨叽去，都季度报告了，你这个季度的奖金还想不想拿了？"

因此这里面涉及一个问题，就是如果有一根K线它明明白白地告诉你庄家在里面，现在他只不过假装在出货，你敢不敢跟他赌？敢不敢跟他玩长、玩大？股市当中所有想挣的钱都来自于敢别人所不敢，能他人所不能。当别的投资者都不敢、都不能的时候，一旦有人从中脱颖而出，那么这个人就不太会是庄家博弈的对象，庄家只会干掉那些既不敢又不能的弱者。虽然我算不上股市当中的弱者，但也经常被庄家洗下车。为了解决这个问题，我一直在思考要怎么做。反思的结果是，如果一切迹象都说明主力介入很深，我就死咬着这股不放，直到收益翻倍。

我是一个很有底线意识且坚守原则的人。明知自己耗不起，就不要管主力怎么洗。等洗盘结束的迹象出现（比如看到成交量的缩减），股价拉出新高，追就是了。对于普通投资者来说，交易确定的东西更加稳妥。当一只股票需要你猜的时候，你就偏不猜，转而换一种方式比如通过资金博弈指标以及增仓排名去选股票，漫步者（002351）就是一个很好的例子。

漫步者2023年3月10日是一个明显的进场点，当日资金博弈指标红色超大户线已向上穿越绿色散户线。除此之外，大户、中户、散户的数值均为负数，分别是：-0.653、-4.879、-2.246。

7 跳着脚追的乐趣

2023 年 3 月 10 日漫步者日 K 线实时走势图

  当一只股票涨停且资金博弈指标呈超大户为正、其余三个为负的形势，就值得你多看一眼。不是所有出现这一重要信号的个股都能上车，但至少算是千里挑一。倘若再结合增仓排名指标，如果排在前 100 名之内，在两因素叠加之下，胜率就更高了。增仓排名这个指标只限当日展示，以东方财富软件为例，输入"60"敲回车键便可看见。漫步者在 3 月 10 日当天，其 10 日增仓排名居第 12 位，是这一天当中唯一一只同时符合这两大技术指标特征的股票，谁在那天上了车，谁就能体会到跳着脚追的乐趣。当然这其中也会有回档，但两三天的回档和苏州科达长达三个月的回档相比，显然已不是事儿。

· 051 ·

8 千金难买的卖出指标

对于小孩子来说，这世上不仅有跳着脚追的乐趣，还有自由自在撒欢奔跑的畅快。如此简单的喜悦感，实在让成年人羡慕。小时候总盼着长大的我们，直到真长大的那一刻才会恍然明白，在所有流逝的风景与面孔中，那个无忧无虑的童年及儿时的玩伴才最让人难以忘怀，那些不计较得失、不知道烦恼的日子，原来在我们的生命中这么短暂。

成年人的世界很少有选择，身上背负的责任越来越多，周围的羁绊越扯越紧，假使这个成年人再被冠以"股民"的称号，那他的双脚就犹如绑着千斤重的沙袋，"跑"的能力愈发退化得厉害。我在营业部见过成千上万个投资者，"买"不一定是问题，但"卖"却困难重重。盈利不懂卖，是还想贪；亏损不懂卖，是舍不得。如此左右为难，便形成枷锁，困于其中，最后只能看着账面浮盈化为泡影，小亏弥漫成大亏。会买的是徒弟，会卖的才是师傅，此话当真不假。

某日，我正与石头传道授业解惑，炒股软件上显示的是已经走出一波连板的华脉科技（603042），石头把十字光标定格在2023年3月3日（周五）这根T字型的K线上说："市场的情绪发生了变化，溢价到这里已经到了一个极值，不要再去参与二连板以上的股票……就是市场告诉你一个信号要高低切换……"

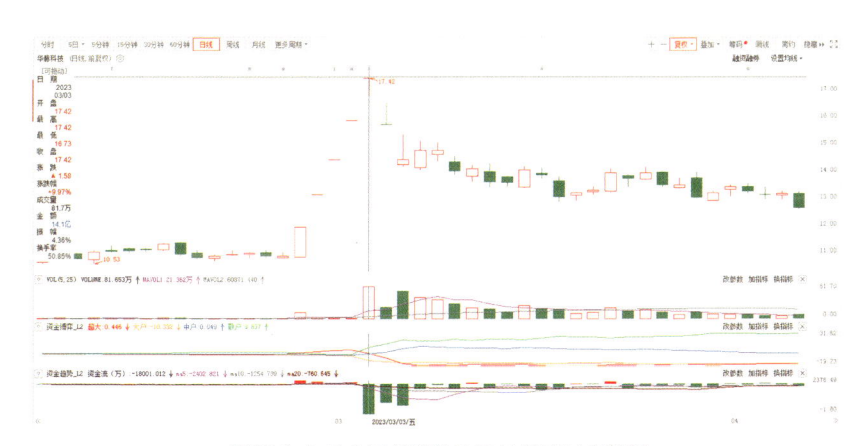

2023年3月3日华脉科技日K线实时走势图

我立马指着那屏幕，问他："这一天是怎么卖的？"石头在被我打断之后，一下子没反应过来，转头看了看我，发出一声："嗯？"于是我以更清晰的表述抛出我的问题："如果你有这只股票，怎么能卖在3月3日这一天？"

石头："因为通过溢价的统计我们要在周五这一天做高低

切换,所以高位的票要卖掉,切到低位去。"

话音落完,我俩互相对视沉默不语。这小子似乎还没听明白我在问什么,于是我又把问题重复了一遍:"单就个股怎么操作?"

2023年3月3日华脉科技当日分时图

石头顿了顿,随即打开华脉科技3月3日这天的分时走势说道:"单个股……这个烂板不应该开的呀,如果开了那肯定是一个卖点,这个换手承接不住,怎么讲呢,我,我,怎么跟你去形容……"

我凑到电脑屏幕面前,挪动了一下鼠标,盯着该股的K线走势看了一会儿，欲言又止地逗了他一句："算了，你讲。"

石头有点急了，连忙回应："站在你的角度，你会怎么去卖？"我指着炒股软件上的一个指标说："你看它都已经教你了，资金大幅流出……"还没讲完，石头打断我的话说："哦，看这个不准，我不相信的。"

2023年3月3日华脉科技60分钟11:30实时走势图

我向来喜欢有想法的人，于是立刻怼了回去："看这个不准，那你举个例子。这根K线的资金流出都顶上了前几天的资金流入。我再给你看一个。"随即我切到华脉科技60分钟K线图，把十字光标定在3月3日11:30分这根K线上，调侃道："你师父我是用这个指标跟踪的，只要一小时里面出现这个，我肯定走。我做连板票就是用这个指标来跟，这个口子开了，我肯定不做，肯定跑。"

石头叹了口气，好似那种想和长辈抬杠但又不好意思撕破脸的感觉。我看出了他的心思，于是继续说："举反例，举啊。"石头一边在电脑上捣腾，一边回应："急什么，我不正在举嘛。"说完，石头打开恒久科技 2023 年 2 月 1 日的日 K 线图。我凑近一看，把十字光标定在起板的那一天，然后敲着向右移动的按键，直到最高点 2 月 1 日这一天停留，跟石头说："看到没有，信号出现，在最高点跑了。"

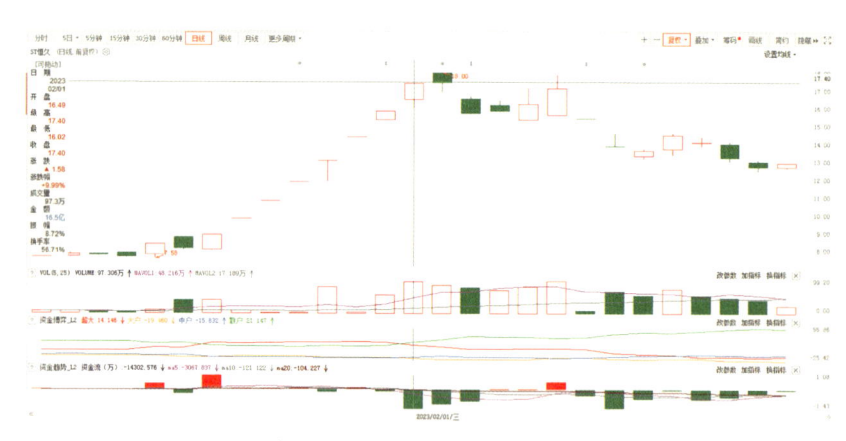

2023 年 2 月 1 日 ST 恒久日 K 线实时走势图

石头指着 2023 年 1 月 20 日这一天的 K 线不解问道："那这一天不也显示要跑？"

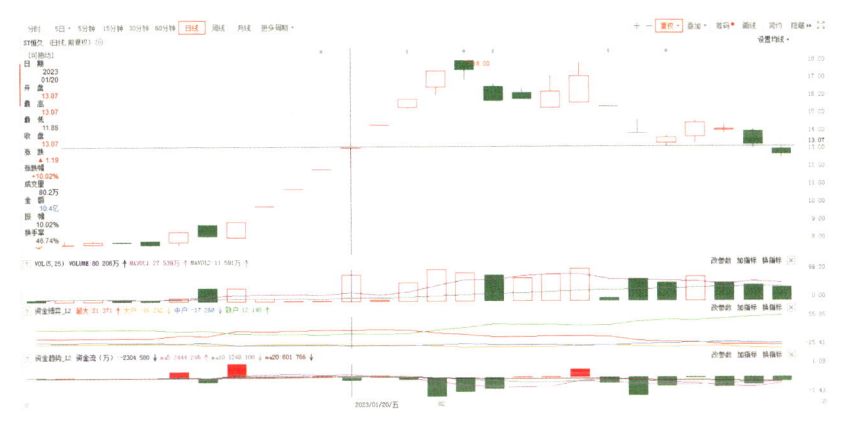

2023年1月20日 ST 恒久日 K 线实时走势图

我说:"你到底看懂没有,信号在这,超大单都统计资金跑了。"

石头在一旁无奈地摇头,继续跟我争论,说我这完全属于指标"后视镜"。我再度打开恒久科技这只股票的 60 分钟 K 线走势图,进一步解释道:"1 月 20 日这一天开板有事吗?没有。我今天送了一个你做这行千金都难买的卖出指标。"石头继续死犟:"千金难买我也不用,我跟你讲你这完全是'后视镜'。"一边说一边述放大该股 1 月 20 日的资金趋势指标,外加一句:"这一天资金不也是在往外放吗?你为什么不卖呢?"

2023年1月20日ST恒久60分钟10:30实时走势图

　　我看了他一眼，指着资金博弈这个指标说："我跟你说的是这个指标！这根红色线跑到绿色线之下就是要跑的信号。只要这根红色的超大线一直在最上面，不出现落下来的情况，就可以做买入持有。如果落下来，那么这个票就不敢做了。"石头这才缓过神来，他一直以为我在说资金趋势指标，实际上我讲的是资金博弈指标，就是上一篇提到的有超大、大户、中户、散户这四个数值的指标。

　　石头指着他好不容易翻出来的中通客车（000957）案例，将十字光标定格在2022年5月25日60分钟图的10:30分这一根K线上。

8 千金难买的卖出指标

2022 年 5 月 25 日中通客车 60 分钟 10.30 实时走势图

石头问我："你这里卖了是吧？"

我笑着回答："我这里卖了，因为我们打首板的只能做到这。"

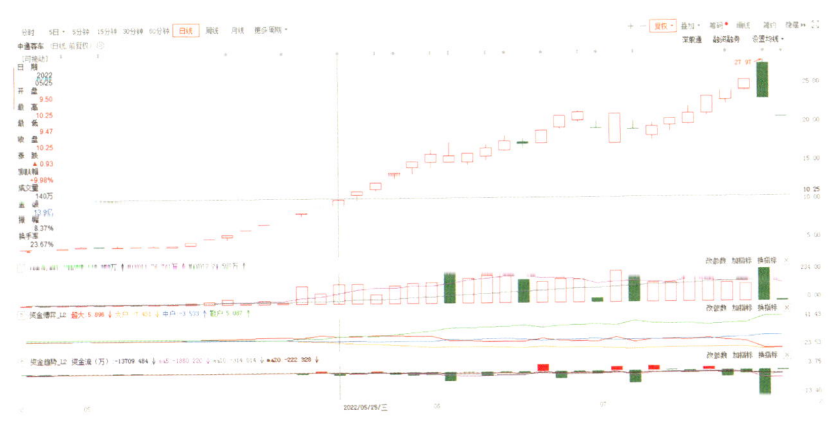

2022 年 5 月 25 日中通客车日 K 线实时走势图

石头一脸不服，气势比之前更强硬了些，说道："你给我卖在后面几个板也不过分啊！这个……"我及时掐断他的话，反问道："这能是一个概念吗？"石头并没有正面回答，而是站在他的立场继续说道："如果每一个首板打进去都希望二板就卖，中通在起涨前不就刚好卖飞了吗？"

我手一摊，笑着告诉石头："我们这是'逃命'的点，你要是没卖，很多时候是要'死人'的。"

虽然最终我好像并未能完全说服石头，但不可否认的是资金博弈这个指标的确很好用。石头的交易风格显然是以激进为主，这个指标对于他来说或许不重要，但是对于普通投资者而言，在跑与不跑拿捏不定的时候，通常它会给你一个答案。我们既可以通过它寻找上车点，也可以通过它判断下车点。当我们能够回归到"坚定上车、果断下车"的状态里，也许就能重新体会一遍儿时撒欢的快感。当然，没有一个指标是完美的，至少运用在石头举的中通客车这个例子上，后面的"肉"就没有办法吃到。但是话又说回来，不是每一种钱我们都要赚到手。炒股应有取舍，有些钱不赚也罢。贪狠了，小心会翻车。

9

永远只吃一段的抄底

浮沉这些年，历经许多无常，才明白一些道理：钱、权、色、名、物，一旦过度追求就会伤身乃至害命。股市机会很多，但不可预知的风险也大。年少轻狂之时，或许还对数倍的收益感到十分兴奋，然而这些年下来，无数个流星闪过，方懂得太贪早晚会出大事，求稳才是正道。

求稳背后的初心在于我在做决策的时候往往想的是怎么不让自己"置之死地"。不置之死地，便能留有余地。比如对待抄底这件事，2022年港股走了一个超级大熊，恒生指数从年初的25050点一路跌到年尾的14597点，足足跌去了一万多点。期间，我做过两次波段抄底（见下图方框处）：一次是3月份，从18000点做到22000点；另一次是10月底，从14000点做到18000点。

2022 全年恒生指数日 K 线实时走势图

  我的老学员都知道我有一个经典理论，那就是"股价的回归是对所有均线的回归"。意思是，股价反弹的目标位是回到所有均线的上方，反之，股价下跌的目标位是回到所有均线的下方。倘若在指数低于所有均线下方去买，至少买得不贵。不一定买到底部，可能会买在腰部，但是肯定躲过了头部。所以当 2022 年恒指在 3 月和 10 月分别跌到所有均线下方之时，就给了我们一个比较好的抄底介入点。只不过按照我说的这个理论，这两段的抄底最多只能挣 4000 点的空间，当它从底下反弹到所有均线上方之后，我便不敢再多"吃"。显然，这样做会踏空上面继续反弹的空间（见下图方框处）。

2022年10月至2023年3月恒生指数日K线实时走势图

实际上，对于抄底这件事，没有人敢做全波段。期望做全波段抄底的投资者，不是贪就是傻，往往付出的代价必然是一次狠狠的重伤，因为多数时候股价反弹上去还会再跌回来。我之所以在10月份恒指跌到14597.31点的地方还有钱抄底，就是因为3月那一波的抄底做到22000点就及时退了出来，要是没退出来，不就凉得透透了？

那如果抛开"股价的回归是对所有均线的回归"这一理论的束缚，转而再以一个趋势交易者的视角来看抄底这个问题，有没有可能吃上完整波段？还是以2022年10月恒指这一波反弹为例，通常趋势交易者的分析逻辑是这样的：

2022 年 10 月至 2023 年 3 月恒生指数日 K 线实时走势图

一、观察发现 2022 年恒生指数一直沿着 30 日均线在跌。

二、当指数回到 30 日均线之上才应建仓，建仓区平均价格为 17300 左右。

三、当指数再度回落到 30 日均线之下才应离开，卖出区平均价格为 21300 左右。

2022 年 10 月至 2023 年 3 月恒生指数日 K 线实时走势图

从 17300 点做到 21300 点，按照趋势交易者的逻辑，恒指的这波抄底也只能挣 4000 点的利润空间。很多事物尽管路径不同、处理方式不同，但最终结果还是殊途同归。我挣 4000 点只用了几天的时间，而趋势交易者挣 4000 点用了三个月左右，操盘效率孰优孰劣一目了然。

一个真正的趋势交易者，必然是奉趋势为圭臬。趋势好了，买进；趋势坏了，卖出。这个案例是看 30 日均线，当指数在 30 日均线下方的时候，便永远不会抄底；直到指数回到 30 日均线上方，才被看作是机会来了。同样，反弹过后当指数又一次跌破 30 日均线，就应看作趋势走坏的信号，但凡能够果断退出，就能逃过接下来的绵绵熊市。这是趋势交易者应该遵守的纪律，这当中必然有一个掐头去尾的过程，"掐"的是刚开始出现反弹的那一小段，"去"的是那永远逃不掉的股价高点。

不管是相信趋势，还是相信均值回归，作为一个成熟理性的投资者，当"信仰"发生了变化，就得做出相应的行动，这叫作"交易的同一性"。计划你的交易，交易你的计划。每一波要多少盈利，心里必须清楚。在做之前想好这个钱挣到哪里以及该怎样退出来，这个叫"策略"。大部分普通投资者连策略的雏形都没有，有的只是对"贪"字的起心动念——我要抄到那个尖尖底，我要把这一段抄底的"肉"全给吃了……殊不知所有这些念想皆为虚妄。当这些虚妄以一个又一个未达成预期的结果呈现在你面前时，你就又积累了一分对市场的敌意。如此循环往复，在市场的时间越久，潜意识里积累的敌意就会越多，你跟市场的关系就会越变越糟糕。你想从市场赚钱，但是你跟它的关系却越来越糟糕，这分明就是一件很怪诞的事情。正确的方式是克制贪念，想好策略，而策略一旦制订完成，任凭他人如何评价也绝不能动摇，这样才能带来较好的交易结果。最怕以一种感性的姿态随意做出决策，这其实是一件很危险的事情。

当然，如果真想把恒生指数由14000多点开始的反弹波段吃足，就一点办法也没有吗？答案是有人能做到，有且只有缠论（旨在通过分析行情和走势来达到盈利的目的）的忠实信仰者才能做到。缠论的忠实信仰者会这样说："顶分型和底分型是见顶和见底的唯一指标。"当他们相信"强底分见底，强顶分见顶，有且唯一"时，才可以从2022年11月1日的15455点一路吃到2023年1月底的22000点。之前半路中所有的跌，只要不是强顶分的跌，就必须扛，因为"唯一"没有来。但问题是理论归理论，真到做的时候早就动摇了。就好像一个人在30岁以前坚定认为自己不会结婚，但30岁之后周遭压力越来越大，对于原有想法的屈服渐渐放大，开始不断妥协……说不定故事的结局便是随便找个人共同完成一件人生大事。

很多时候，坚守对于一个人来说，是很难的一件事情。但是如果能坚守下来，也是一件很酷的事情。当然前提是不要在错误的人身上耗费长久的坚持，就像不要在一只破股身上抱以绚烂的幻想。

10

偷窥涨停的游戏

有这样一种说法：懂得理财的人在思考问题时会更理性。按理说在股票市场，应更多呈现理性的走势，比如跌多了涨，涨多了跌。但现实往往是跌了再跌，涨了又涨，情绪发泄到极致的背后映射出投资者对于涨和跌都存在不切实际的幻想。

其实幻想本身不是贬义词，它承载着人们对于事物的精神寄托。只不过幻想落在股市上，是挣不了钱的。正确的做法是——脑子放纵，现实克制。

什么是现实中该做的事情？拿涨停策略来说，普通投资者想要追板，千万不要看到一只股票涨停了就无脑去追，而要看市场情绪变化，看多个指标特征。复盘2022年的A股走势，最难熬的日子显然是四月份的这四天——21日、22日、25日、26日。这四天里有三天市场的跌停家数均大于100家，22日虽然没到100家,但当天的跌停家数也在这一年当中排名靠前,显然市场情绪在这四天跌到了冰点。时过于期,否终则泰。回过头去看会发现,跌停家数大于100家的日子均是建仓的好日子。

日期	涨停家数	跌停家数	涨停开板数	涨停封板率%	一字板数量	连板家数	连板高度	上证涨幅%
2022/04/28	89	53	28	66.42	8	21	5	0.58
2022/04/27	139	52	45	66.83	3	13	4	2.49
2022/04/26	45	257	47	48.91	3	7	3	-1.44
2022/04/25	29	657	23	50.00	3	11	5	-5.13
2022/04/22	84	85	16	77.06	4	15	5	0.23
2022/04/21	37	101	24	54.41	1	14	5	-2.26
2022/04/20	63	22	19	68.48	6	21	5	-1.35
2022/04/19	69	27	27	65.09	5	20	4	-0.05
2022/04/18	88	46	21	76.52	4	16	6	-0.49
2022/04/15	44	44	34	51.76	3	12	5	-0.45
2022/04/14	83	10	25	74.77	4	19	5	1.22
2022/04/13	59	52	46	52.68	6	21	6	-0.82
2022/04/12	107	17	35	68.59	6	23	5	1.46
2022/04/11	61	54	48	49.59	18	17	6	-2.61
2022/04/08	72	17	29	67.92	7	15	6	0.47
2022/04/07	43	31	35	50.59	2	17	8	-1.42
2022/04/06	92	16	30	67.15	7	28	7	0.02

2022年4月历史涨跌停图

如果我们在4月25日出现657家跌停的情况下买进连板的股票,会得到怎样的结果?

以主力净流入指标排序,主力净流入最大的上海港湾(605598)其股价从17元涨到23.94元。

序	代码	名称	连板次数	封板时间	封单量	封单额	换手率	成交额	主力净流入	近一年封板率
1	605598	上海港湾	2	14:16:51	61.9万	1066万	56.08	4.08亿	6675万	75.00
2	600665	天地源	2	09:35:11	880万	4071万	5.19	2.11亿	4902万	63.64
3	000722	湖南发展	2	13:40:24	902万	9258万	14.50	6.58亿	3568万	71.43
4	603856	东宏股份	2	14:56:18	13.6万	172万	5.90	1.90亿	3168万	100.00
5	600785	新华百货	2	14:35:42	48.8万	701万	5.42	1.72亿	1886万	100.00
6	600734	ST实达	5	09:37:53	495万	2624万	0.76	8396万	1005万	80.90
7	000564	ST大集	2	09:25:00	8556万	8641万	0.19	2868万	621万	63.16
8	002219	新里程	2	09:25:00	640万	1542万	0.09	556万	433万	62.79
9	605138	盛泰集团	4	10:58:27	382万	5850万	55.11	4.73亿	-3267万	91.67
10	600448	华纺股份	2	14:54:54	1189万	5409万	37.10	10.5亿	-4855万	80.00
11	001234	泰慕士	3	14:26:42	72.4万	2342万	79.72	6.73亿	-5646万	88.89

日期：2022-04-25

2022 年 4 月 25 日连板池个股分布图

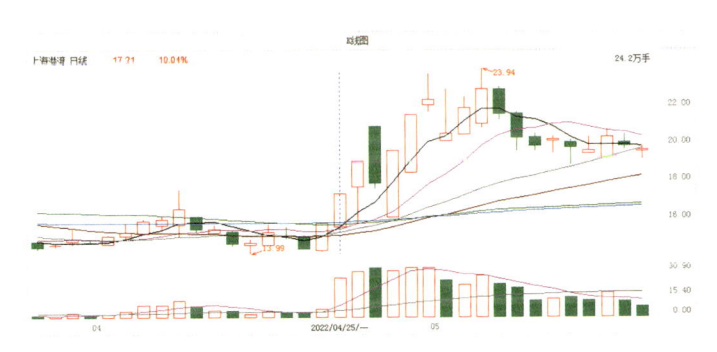

2022 年 4 月 25 日上海港湾日 K 线实时走势图

排名第二的天地源（600665）后续走势是这样：

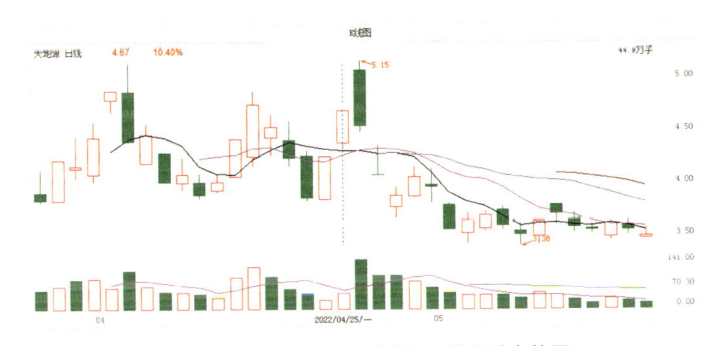

2022 年 4 月 25 日天地源日 K 线实时走势图

排名第三的湖南发展（000722）后续走势则迎来了大爆发：

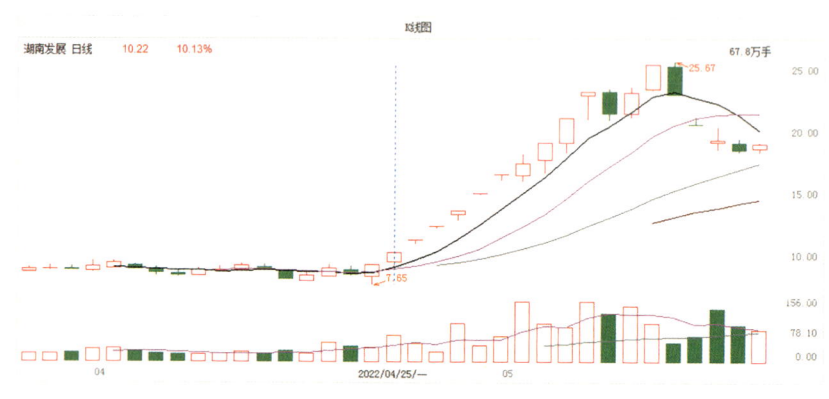

2022年4月25日湖南发展日K线实时走势图

排名靠后的新里程（002219）、盛泰集团（605138）、华纺股份（600448）、泰慕士（001234）等这些股票的后续走势都如同天地源一样直接尴尬了。同一天同样的连板，对于资金流出的股票来说如果当天不跑，第二天就没机会跑。

2022年4月25日新里程日K线实时走势图

10 偷窥涨停的游戏

2022 年 4 月 25 日盛泰集团日 K 线实时走势图

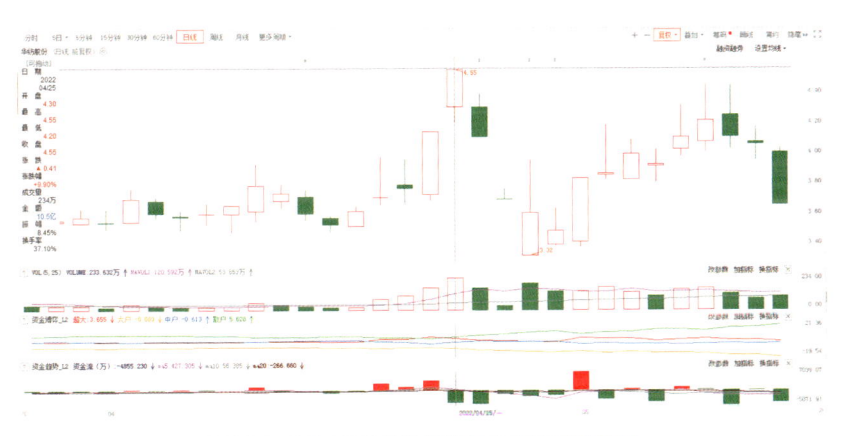

2022 年 4 月 25 日华纺股份日 K 线实时走势图

· 071 ·

2022 年 4 月 25 日泰慕士日 K 线实时走势图

倘若不看资金流入流出，就很难看出区别，一旦加上这个指标，就可以扫去很多雷。石头有时候还会和我争辩，非要说资金流出不一定就会死。然而在我的认知里，统计的意义就是揭示概率，明明知道这里会有很大概率栽跟头，大不了敬而远之。巴菲特的合伙人查理芒格说过一句类似的话："如果我知道我会死在哪里，我就一定不会去那个地方。"

一个指标进去，多个指标筛选——普通投资者想要做涨停策略，这可能就是最简单的方法了。进去的入口就是找到前一日连板池中的那些股票，然后把资金流出的标的以及 ST 标的统统去掉，这样选择范围就能缩小一大半。可能有人要问，为什么不做首板池中的股票，而要做连板池中的股票？因为连板本身就是一个强筛选，连板的股票更容易产生好票。这就是石头总爱做那些高位连板股票的原因，他的感觉是对的，首板没有连板好。

那么即便做了这样的强筛，也会出现很有意思的问题。

10 偷窥涨停的游戏

2022年4月25日这一天连板池的股票强筛下来只剩下上海港湾（605598）、天地源（600665）、湖南发展（000722）、东宏股份（603856）、新华百货（600785）这五只股票，怎样才可以在这五只股票当中选中湖南发展而躲过天地源？这里有一个词叫作"容错率"，如果卡得太死，资金流入最大的那个，就会错过湖南发展。而当这个容错率引进来之后，假设我们取资金流入排名前三位的股票，比较这三只股票各方面的数据，会发现湖南发展的优势体现在封单量上，这是当天连板池股票中封单量最大的一只股票。

这样的比较其实就已经体现了日常复盘的思路。干咱们这行，复盘是家常便饭，把每一日的盘面仔仔细细地复一遍，是很重要的一件事。很多投资者不明白复盘如何复，简单说就是在过去的走势当中，找出某一天的优势因子，然后拿这个优势因子进行反复验证。好比湖南发展的优势因子除了刚才说的封单量，还有人会说是成交额。这个答案可能对，也可能不对。而要判断对错与否，就是拿着这个成交额的因子，放到另一个交易日再去比较，看看其是否在不同的连板票身上都能得到体现。验证的越多，说明越有效。

这样的比较全都基于客观事实，而非主观幻想，这是我的涨停策略和石头的涨停策略最大的不同之处。我更追求数据上的概率，而石头，虽不至于幻想，却有着较强的主观性。主观性太强是很致命的，手感好的时候能上天，手感不好的时候则入地。先前石头给我介绍了一个打德州扑克的 APP，当我把积分积累到很多的时候，他早就打光了。每周我德扑上的曲线图必是正增长，打得特别稳。但如果我和石头两个人去参加德州扑克的锦标赛，石头可能会打到更后面，而我大概率提前就会被淘汰。这里没有谁比谁更有价值一说，因为在不同的事物上，需要的价值是不同的。比如在管理公司这件事上，就不能交给石头，因为他还不够稳；但在博弈这件事上，超额利润一定来自于大风大浪之中，有且只有像石头这种性格的人才想并且才敢冲进浪中去搏。显然，这需要过人的胆识和高超的技术，而石头无疑是一个有着良好"盘感"的专业投资者，但他的问题可能在于他制订的规则太多了，这个时候用这个，那个时候用那个，缺少交易的一致性，尤显混沌。不过话又说回来，混沌本身充满了力量。然而，混沌不适合普通投资者。在没有足够的经验和技术加持之下，混沌只会带来更糟糕的投资结果。对于炒股地基并不牢靠的投资者来说，想做涨停策略，更适合一板一眼，按部就班的"查字典方法"。只不过在"查"的过程中必须心里明白，即便"查"到了某些明显的特征，也不能保证单就某只股票会顺利走出连板。这些特征只是指明了在这一根 K 线的时候所发生的事情，这仅仅属于管中窥豹、盲人摸象，而不是窥一斑而知全豹。我们搞那么多指标，不是因为指标准，而是因为指标透露了某些讯息，在这蛛丝马迹当中层层搜寻，自然会提高自己的炒股能力。这个能力不是让你去吃掉庄家，而是让你不成为被收割的韭菜，还能从别人的兜里掏一些。

11
不输时间的玩法

石头更热衷于打连板票，很大程度是性格使然。可能因为年纪大的关系，我在行为处事上会更"怂"一些。当然，这也有好处，"怂"在一定程度上意味着"稳"。尽管连板的股票基于强大的基因更容易产生好票，但也无形当中徒添了不少空间透支的风险。我更倾向于做一些从底下刚起来的股票，一旦能走出连板之势，收益上的回馈十分可观。

比如四天四个涨停板——这是我在 2022 年 9 月 8 日找到的股票中自集团（000759）。当时有不少投资者跟我说这只股票走不长远，次日要抓紧卖了。我本想回应一句："散户反着买，别墅淹大海。"但后来转念一想还是算了。

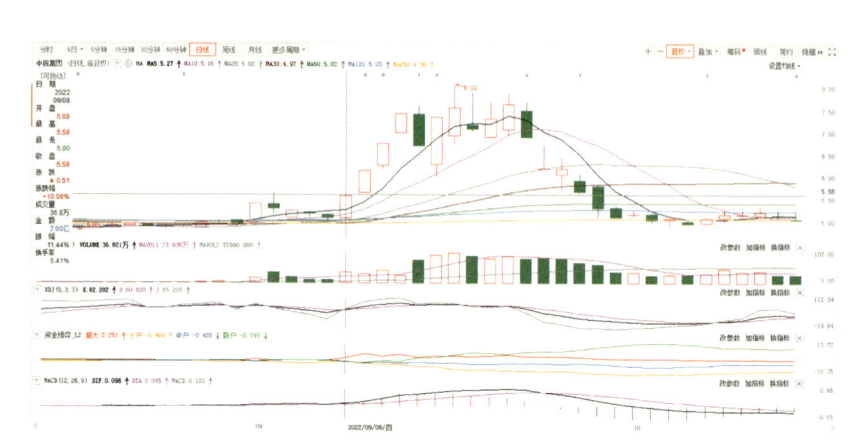

2022年9月8日中百集团日K线实时走势图

  之所以会在这个时候发现这只股票，是因为看到了不少积极信号的共振。先是该股处在 MACD 零轴上方，代表着股价已进入多头区域；再者 KDJ 指标由之前的死叉状态回到金叉状态，尤其 KDJ 的 D 值已经达到 60。这里有一个窍门：D 值不能太低，也不能太高，落在 60 就挺香，这通常被看作是一个非常重要的追涨点。只不过追涨点出来并不代表着完全就可以买，还要看另一个指标——EXPMA。EXPMA 仅由两根均线形成，东方财富软件上的原始参数是（12,50），直接敲下这五个英文字母按回车键即可。其中，12 这条蓝色线代表的是快线；50 这条粉色线代表的是慢线，约等于均线系统中的 60 日均线。值得出手的时机是在快线和慢线形成金叉之后。假如两者是死叉，就不适合去做。这是对于 EXPMA 指标运用的一个基本原则。

  技术上，我们把多空平衡点设定在这根粉色线附近。在粉色线之上为多头区域，在粉色线之下为空头区域。无论追涨还是买跌，都要在多头区域进行。这样做的一个好处就是能够帮助投资者过滤掉大量杂波，节省了许多垃圾时间。比如盘龙药业（002864）2022年7月15日EXPMA开始形成死叉，当然一定也会有人觉得死叉阶段进去也没什么大不了的，无非是煎熬三个月的事情。

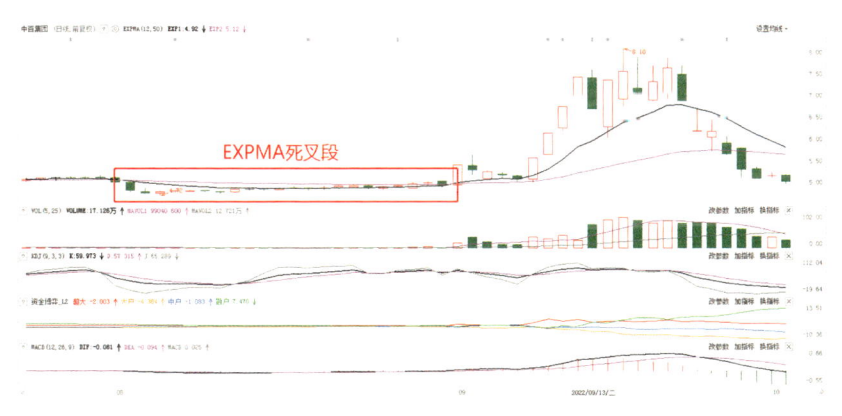

2022年8月至9月中百集团日K线实时走势图

2022年7月15日盘龙药业日K线实时走势图

但假如换一只股票康拓医疗（688314），那可不是三个月的事情，而是持续了整整半年的单边下跌，这当中还有假的头肩底形态（见下图方框处）出现。如果无视股价在粉色线下方而要执意介入，其结局必然是要忍受长达半年的套牢。守一只破股值不值花上半年，我们的人生能有多少个半年？

2021年12月至2022年8月康拓医疗日K线实时走势图

无论三个月还是半年，时间都不算短。把生命耗费在这里面，即便最后真的通过股市成为了一个富有的人，但时间也输得差不多了。为什么眼界对于一个人来说很重要？只有在看到、经历的事物足够多，炒股时间足够长时，才会明白有多到数不清的股票真的不值得在死叉阶段给予真爱，因为它们折腾的时间太长，长到让你怀疑人生。留大把的钱却花在ICU里头，是另一种悲哀。因此我们做交易一定要讲究效率，宁可加钱做金叉状态，也不要贪图便宜买死叉状态。

显然，EXPMA金叉是一个好信号。在金叉附近启动起来的涨停我称之为"水面涨停"或"多空平衡点涨停"。比起连板股，这种水面涨停的票对我的吸引力更大一些。不过当大盘处在跌势不止的背景下，水面涨停很难碰到，此时势必会有很多股票从底下翻上来，如果太过教条一味地在不同世道中死守一种图形，那便是"笨"。很多人之所以做不好技术分析，往往因为是看不懂技术变形。水面之下的涨停板便是技术变形之一。当然，在世道折中的情况下，我们首选还是做水面之上的涨停。然而，水面涨停竖起之后，往往走势会出现回档，毕竟水底下待久了满身湿滑，好不容易冒个泡想上岸，一跃而起的难度又似乎高了点，手滑才是常态。因此对于这样一种临界状态，多空之间不要贪，不要过早下决断。

康拓医疗的例子尤为典型。在2021年11月24日这一天该股的EXPMA指标从死叉变成金叉，那么，买点来了吗？并没来。很快股价又跌回到粉色线之下，EXPMA指标再次形成死叉，爬坑行动宣告失败。事实上，好的买点不是它刚开始爬坑的时候，而是确认它完全爬出了坑，准备"回家"的时候。这个"回家"的过程便是我们最喜欢的过程。那么如何确定它完全爬出了坑？只要未来其股价的高点突破它刚开始爬坑时的高点即可。康拓医疗2021年11月的这一波走势明显不存在高点的突破，它只是顽皮地把脑袋探出水面呼吸一下新鲜空气，转而又潜入水底。这时，请不要跟着一起下水。跟着一起下去的结果，就是一坑接一坑——股价从 100 元跌到 50 元，继而再打三折……

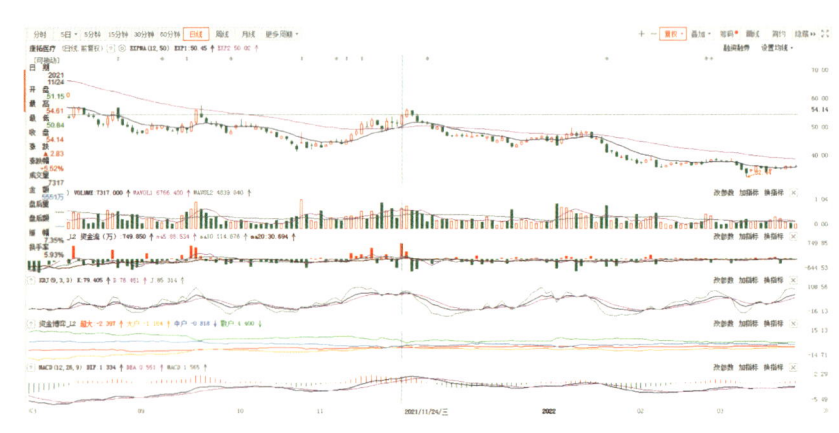

2021 年 11 月 24 日康拓医疗日 K 线实时走势图

该股真正意义上的买点发生在 2022 年 7 月 1 日，这一天形成了对此前金叉附近的高点（6 月 6 日）的突破。高点有两种定义，一种是收盘价，另一种是最高价。对应的突破也有两种，一种叫"收盘对收盘的突破"，一种叫"高点对高点的突破"。康拓医疗 6 月 6 日的收盘价为 34.54 元，最高价为 35.68 元。只要未来出现一个收盘价大于 34.54 元，即可看作是"收盘突破"；出现一个高点大于 35.68 元，即可看作是"高点突破"。如此突破才算是真的突破、有力度的突破。更强势的一种突破叫作"收盘破高点"，这里面一定包含了"收盘破收盘"和"高点破高点"两个条件，本质上它是一个"包含"的逻辑关系。

就康拓医疗这个案例而言，尽管 2022 年 7 月 1 日收盘价为 37.21 元，最高价为 37.27 元，形成了"收盘破高点"的突破，但是突破之后股价又下来了，面对这种情况无须太过意外。世事无常，人生如是，何况股市。所有的技术分析都是概率游戏，既然讲的是概率，失败自然不可避免。

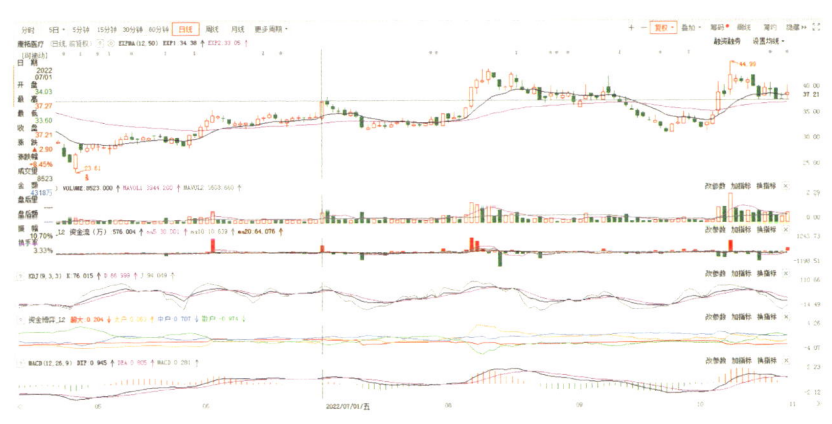

2022年7月1日康拓医疗日K线实时走势图

遇到突破不起飞的情况，及时退出就行了，止损是一种必须具备的炒股能力。但如果下次它还敢突破，我们就还敢追，也许下一次就成功了。比如开篇提到的四天连拉四个涨停板的中百集团，9月1日跑出水面涨停信号，随后连续四天回档，9月8日形成突破后，爆发行情接踵而至。对于像中百集团9月1日和9月8日两根阳线当中夹着一堆整理K线的形态，我将其俗称为"汉堡包"。"汉堡包"的出现，通常后市看多。稍有一些技术分析基础的投资者都知道，这个图形其实就是传统技术分析中的"上升三法"，即洗盘结束再启动。在第二根阳线没出来之前，是不是洗盘其实完全不用猜。如果是洗盘，一定会拉起来；反之，不会。中百集团的洗盘图形演绎得非常标准——缩量整理放量涨，量能在此得到了很好的配合。这里面隐含了另一个炒股规律，就是洗盘的回档幅度，即从最高点下来通常会大于10%。中百集团在9月1日和8日当中夹着的这四根K线按最高点来算，其回撤幅度恰恰是10%多一点。之所以有这样的规律，原因在于多数人的止损范围会设在10%的水平，而股市最擅长做的一件事情便是要打破多数人设立的边界。当多数人把止损位设在10%，股价若是回调的幅度连10%都达不到，那还洗什么？洗盘的目的就是要把一批人给洗出去，因此幅度上就会打破多数人的心理防线，通常会落在10%—15%之间。因此，投资者在回调到10%以上的位置做低吸，是一个可以尝试的上车点。但也不急在这一时，等第二根阳线高点突破形态走出来之后，会更为确定。这几个点的距离可以让投资变得更加稳健。

另外需要强调的是，对于这种高点的突破，距离EXPMA这两条均线越近，危险性就越小。虽然锦州港（600190）2022年9月14日的这根K线也形成了高点突破，满足了包括EXPMA、KDJ、MACD等这些指标的条件，但因为粉蓝两线离得太远，当天进去就很容易被套。

2022 年 9 月 14 日锦州港日 K 线实时走势图

周线角度亦是如此。如果周线 EXPMA 指标的粉蓝两线分得很开，类似宝塔实业（000595）2022 年 9 月的样子，就不要去做了。值得做的地方是在前面，即 2021 年 12 月到 2022 年 5 月粉蓝两线离得很近的这段时间。

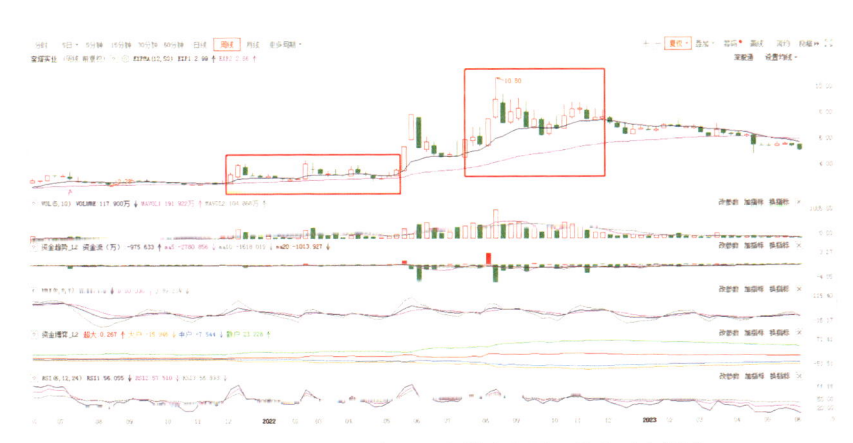

2021 年 12 月至 2022 年 9 月宝塔实业周 K 线实时走势图

万事都要做在前头，张爱玲的"出名要趁早"道出了许多真理。其实何止出名这件事，大部分事情都要趁早去做，比如下海要趁早，买房要趁早，炒股吃"肉"也要趁早。回到日线图上看宝塔实业的走势，可以明显感受到比起后面一段，前面一段的走势更具交易价值。

2021年12月至2022年11月宝塔实业日K线实时走势图

很多时候，面对风起云涌的市场，我们不得不去考量凶险与安全之间的关系，平衡性价比的高与低。每个人的标准或许不一样，但有一点是肯定的，在承受了反反复复的犹豫之后，我们炒股的从容感会愈发明显。很多时候，阻碍我们挣钱的因素并非外在的事物，而是内心的屏障。心性修炼，道阻且长。

12

刀起刀落，接与不接

上文中对于宝塔实业后段走势的舍弃，考量的因子除了 EXPMA 外，还在于股东人数。宝塔实业在 2022 年 9 月呈现的是一个典型的出货反拉动作，同期股东人数从当年的 6 月持续稳增至 9 月。

2022 年 6 月至 9 月宝塔实业股东人数走势图

股东人数创新高的背后，反映出原本集中在庄家手里的筹码开始慢慢派发到散户头上，接盘侠的命运早已注定该股后市一路南下的结局。

2022年9月之后宝塔实业日K线实时走势图

这样的例子不胜枚举。比如新华制药（000756）在2022年股东人数达到顶峰的时期是截止到6月30日的那一个季度，对应到股价走势上，2022年4月1日至2022年6月30日期间，拉升即出货，出完货了股价就走熊样。像新华制药这一波走势尤显恶劣，前面横盘磨耐心，后面一字板不让"上车"，而不让"上车"的原因往往是为了把空间做足，待股价到达高位再不断带人进来。但凡被忽悠着上了这趟"贼车"的投资者，犹如高空走钢索的人，随时面临着巨大的坠足风险，免不了落得一个粉身碎骨的下场。

对于大部分普通投资者来说，与其高空走索寻刺激，不如平地起步求稳妥。而稳妥反映在股东人数上通常呈一个缩减的态势。

2022年4月至6月新华制药股东人数走势图

2022年4月至6月新华制药日K线实时走势图

兰州黄河（000929）在2021年6月30日之前走了一轮主升，随后开始套人，筹码进入收集阶段，从2021年的6月份一路收集到2022年的6月份，期间股东人数不断下降。这个收集的动作大概率是利用下降段当中的每一次反拉阳线去做，而收集的平均成本可用市场均价来做参考，在2021年7月1日至2022年6月30日这个区间，最高价是11.72元，最低价是6.62元，均价则是9.21元。

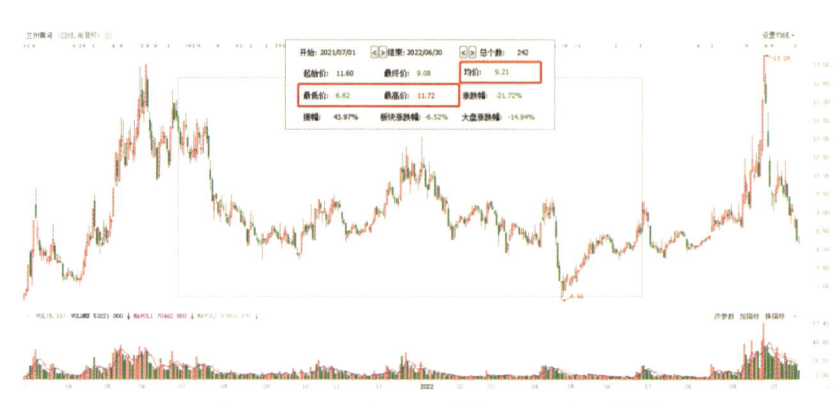

2021年7月至2022年6月兰州黄河日K线实时走势图

2021年6月至2022年6月兰州黄河股东人数走势图

类似这种耐心收集型的图形，收到后面波动区间会越来越窄。当看到股价震荡无趋势且股东人数一年内都在稳步下降，那么这种图形就有启动的可能性，随后的每一波上冲都是热身，直至该股带量上攻来到了2022年9月28日这一天，股价打出13.28元的阶段新高，并爆出巨量，这一轮坐庄便告一段落。主力花那么长时间收集筹码，若非其所为，何以来巨量？因此，当我们看到这一天股价天量见顶，就应该明白这是主力在往外扔筹码，跑得稍有迟疑，便会撞上次日低开跌停，并且撞一次还不够，还来个两次、三次。

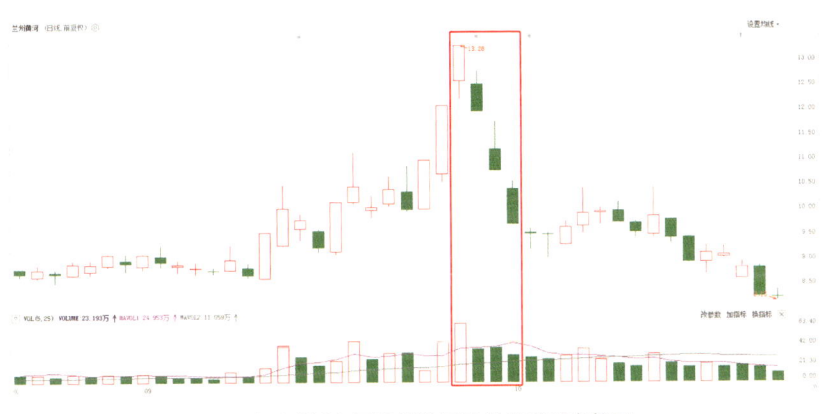

2022 年 9 月 28 日兰州黄河日 K 线实时走势图

由此我们知道，长期筹码收集后的高位放量便是庄家甩货，不得不跑。而如果是出货之后的低位放量，通常是进货，但进货未必有大空间，因为大空间往往都在出货端。既然知道了拉升上涨是出货，那么有些东西就别轻易去接，一接恐怕全是飞刀。

什么时候能接？看到股东人数缩减无疑是一个好的信号，说明股票有人买，筹码有人收集。不过缩减也有一个量化指标，最好股东人数的缩减幅度达到 20%，这样筹码的收集程度才算比较好。市净率最低的股票往往其收集程度是不够的。为什么越是低估的股票，其收集程度就越不够？是因为里面都是投资者，都是由于价格便宜所以长期买了不卖的价值投资者，这些筹码通常是洗不掉的。从博弈的角度来讲，低估值有充分的持有理由，就好像海通证券（600837）截止到 2023 年 8 月初，市净率连一块钱都没到，市盈率才 14 倍，算是整个证券板块中明显低估的品种。对应其股东人数尽管从 2021 年 6 月起大体呈递减趋势，但一直到 2023 年 3 月底，股东户数也无非是从 31 万户下降到了 27 万户，缩减幅度只不过 10% 多一点。虽然 20% 不是一个必须达到的值，但至少要过 15%，那么收集才算充分。

2021 年 6 月至 2023 年 3 月海通证券股东人数走势图

之所以筹码收集进程缓慢，主要在于这种类型的个股有足够的"安全垫"。假设我们以 2023 年 8 月初为阶段统计节点，可以看到自 2021 年 7 月至 2023 年 8 月，海通证券的平均建仓成本为 10.71 元，这个价格与 2023 年 8 月初的现价相差无几，只不过刚刚来到解套口，丝毫不存在主力出货的情况。主力建仓建了那么长时间，股价涨 30% 也只能把成本挣出来，涨 60% 才能挣上钱。因此对于彼时的海通证券来说，股价至少往上加 30% 才是它将来的目标价，涨 60% 也正常，翻倍也正常。正因为往上的空间很大，而往下的空间几乎没有，所以才使得投资者不会轻易交出筹码。

2021年7月至2023年8月海通证券月K线实时走势图

然而成也萧何，败也萧何。问题也就出在股价太便宜上，作为投资者是否能等得起？股价的大涨、快涨都是靠卖出来的。石头之前讲过的一个道理是对的，什么东西能够快涨？就是在这里面抄底的人挣得是追涨的人的钱。换句话说，追涨的人进来要把抄底的人的获利全部接走，接完了之后，当股价形成震荡，待在里面抄底的人要么坚定不走，要么愿意走的也都会在这个震荡过程中下车。只有把这种处置效应吃掉，让市场成本不断抬高，主力才放心。唯有这样，大家才能套住了就不卖，套住了就补仓，所有人都把成本锚定住，然后一股绳往上做。那么像海通证券这种还在成本区域内的个股，耐心稍有欠缺的投资者往往拿不住。这其实也回答了为什么在很多人眼里A股好像只炒"脏乱差"，原因就在于筹码交换方便。便宜的好东西大家都死捂着不放，筹码不交换，股价还怎么涨？

就单个因子来讲，股东人数可能是所有技术指标当中最好理解的一个，但用的时候也要多角度参考，不要一看到股东人数少了，就简单地认为股价一定会涨；看到股东人数多了，就判定股价一定会跌。事实上，股价的走势是多因素影响的结果，能在股市中多因素思考的投资者是不容易的。某种意义上，我们做不好股票，是因为欠缺一个决策打分表。很多时候我们打完分，方才能得个大概。比如我们把所有可比数据全都列出来，包括筹码收集程度、股价成本表现、目前股价阶段等等，当这些框架全都建立起来之后，投资组合也就随之出来了。随后取各个因子排名靠前的标的，形成一个股票池，从这池子里面去挑选要好过没有计划、没有方法地盲猜。盲猜即瞎蒙，胜率几乎为零。股市当中所有的计划都赶不上变化，即便制订了最缜密的策略，一样会有纰漏，因为万事无绝对。即使有一只股票存在明显的庄家收集行为，同样也不能100%保证这当中有确定的套利机会，比如有很多进入退市流程的股票也在被庄家收集……庄家并不总是赢家，在这个无序的博弈市场当中，谁又能一直成为赢家呢？

世间种种，常有意外，无常才是我们人生的常态。我们只能在意外没来之前，尽可能地去复制在多数情境下存在优势的行为，但这种行为不会在所有情境下都释放优势。防控意外的同时去抓机会，有时候很像生存游戏。物竞天择之下，过于贪吃就必然掉入陷阱，过于小心则容易饿死。我们得去调整其中的"度"，既要保证自己的发展，又要保证自己的生存，兼顾安全和收益。

13

圈住纸上富贵的一根线

人生需要折腾，但如果是没有计划的乱折腾，还不如以处变不惊、处逆不乱的态度来对待眼前事物。就像有时候那些动不动就要操作一把的短线投资者，其收益还不如那些不懂处置只会死拿的投资者来得大。

当然，死拿暴富的结果很大程度上取决于运气。小富靠勤，中富靠德，大富靠命。那些让你赚到爆的钱，一定都是事先未知，事后也无法复制的。因此，"死拿"这件事我并不赞同，但有技术性的死拿就另当别论了。

早在二十年前，我教过别人一招——线上持股，线下持币。如果有投资者什么都不会，那至少得把接下来说的招数深深植入骨髓，事后用起来会发现——真香！"真香"两字不是我说的，而是他人的评价。自打那位投资者跟着我学了这招之后，就没怎么亏过大钱。至于有没有挣钱我不知道，反正通过对方的朋友圈，能看到他的生活是越来越好了。这至少说明他在生活当中挣到的钱没有在炒股中赔掉。很多人往往在生活中赚了很多钱，炒个股却赔了个精光。如何避免这样不堪的局面？一个容易的做法就是始终记得"线上持股，线下持币"这句话，并严格遵守执行，尤其在牛市当中。

  这里的"线"指的是 30 日均线。当股价跌破 30 日均线，必须先退出来，千万别顶着线去做，因为"退出来"的这个动作并不会耽误你继续玩牛市。举个例子，中证全指在 2014 年 8 月至 2016 年 1 月走了一波牛转熊的走势，图中留下的这条线便是 30 日均线。当股价来到 30 日均线下方，就是持币。这种时候不要怕卖在低点，毕竟这样的亏吃不了多少。而当股价来到 30 日均线上方，就是持股，不管股价如何震荡，只要守住这条线没破，都不用理会。牛市难免也有震荡，并且震荡还不小，常常表现为开大阴线。但凡对这些震荡有所在乎、有所畏惧，就很难吃到"大肉"。只有让自己变得不在乎，才配挣上那个钱。牛市总要甩人下去，而你要确保的只有一件事，那就是自己必须在车上。当然前提条件是股价在 30 日均线之上。

2014年8月至2016年1月中证全指日K线实时走势图

　　线下就卖，线上追涨。相比于整波牛市的涨幅，对于中证全指这个案例而言，实际下车的次数只有三次，而这三次下车所损失的差价对于整个一轮牛市的涨幅来说根本不值一提。当股价重回30日均线之上，则再追，这样能保证自己又回到这趟车上。就算2015年5月28日指数大跌6.14%，牛市是否在这一天结束不得而知，但由于其未跌破30日均线，因而可以再等等，直到2015年6月19日这一天发现指数明显回不到线上再从容退出也来得及。如此操作，最后都是能带着钱离场。而如果线下依旧持股……是的，没错！就算你曾经挣到过6000点、7000点、8000点，但最后你却抱着一堆无用的股票下桌。这都是纸上富贵啊，是你圈不走带不跑的财富！

2014 年 8 月至 2016 年 1 月中证全指日 K 线实时走势图

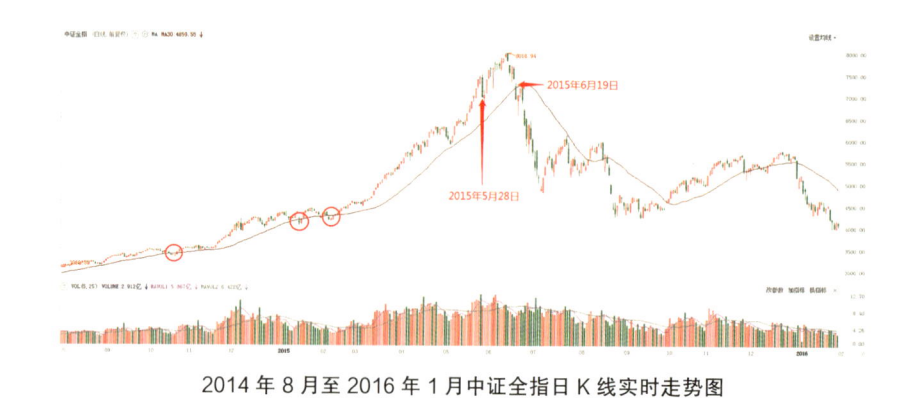

所以碰到线下不要犟，果断持币。宁可被大盘打脸，也得严格执行。人要想挣钱，第一件事情就是放下脸面，但凡还要那个脸面，很多钱就挣不到。别说什么"我站着把钱挣了"的话，能跪着把钱挣了已经算不错的了。

股市有太多东西无法预测，牛市何时结束便是其一。既然不能预测，就只能跟随，而跟随的原则就是"线上持股，线下持币"。当下一次牛市来临，问自己：何以扛住牛市震荡守住筹码？何以跑在山峰之巅带走富贵？何以知行合一落实这一原则？事实上，每一次站在山谷回头仰望山顶，会发现我们分明是有方法卖在靠近山峰顶端位置的。在牛市行进的过程中，每每看似它要下山，哪怕是假的，也得当它是真的。卖错几次不要紧，卖错了再追，只要最后那一次对了，这辈子的纸上富贵就算是落入了口袋了。

14

暴爽的谷底回归之路

一个人既要有攀越山巅欣赏秀美风景的能力,也要有安于谷底等待精彩归来的耐心。

我曾在谷底待了好久。年轻时各种不如意,仅失业就经历了好几回,好在我对自己始终充满信心。宁欺白须公,莫欺少年穷。我始终认为,一切都是最好的安排。天道酬勤,力耕不欺。暴爽的人生永远是低开高走,如果出道即巅峰,余生走的可都是下坡路了。

这种走下坡路的状态很多投资者都曾经历或正在经历而不自知,典型的表现就是去追那些刚从巅峰下来的白马股。随便拿出一只耳熟能详的股票,比如宁德时代(300750),自2021年12月3日股价见顶之后,即便走熊一年半,其市净率仍有5倍之多,根本算不上便宜。承认它优秀很容易,但承认它便宜，"臣妾实在做不到。"

2021年12月3日宁德时代股价见顶后日K线实时走势图

2021年2月18日中国中免股价见顶后日K线实时走势图

自2019年11月至2021年12月，短短两年时间宁德时代股价翻了10倍。当其从山巅往下回落的路上，魔幻的事情就发生了，很多投资者在股价打了7折、8折的时候便拼命往里冲，以为捡到了至宝，殊不知便宜没那么好占。如果看宁德时代有人觉得并没回调多少，至少还有波段可做，那么看看中国中免（601888），这一路的滑梯才叫人玩得酸爽。

多数普通投资者都存在一个让人难以理解的想法，即股价刚刚翻倍的时候就觉得高了，而在股价刚刚打折的时候又觉得低了。怎么会有这样的想法呢？我思来想去把原因归结为格局不够。格局小的人注定只会把眼光锚定在最近的价格上，而忽略了此前大涨的事实。在常人眼中，资产价格腰斩就认为已经是到底了，但真相却是资产价格砍到1/4的时候或许才会见底。上证指数从6124点跌到1664点，可谓腰斩再腰斩；腾讯（00700）股价从729港元跌到178港元，也接近腰斩再腰斩。要知道在利空阶段，资产价格的跌幅绝对不是打骨折这种程度，而是往死里打，打到腰斩、膝盖斩这种程度。我曾经说过，对于这些高处跌落的白马股，只要你不怕深套，不怕折磨，可以随便买。但我不会让自己遭遇这种折磨，因此总爱躲在谷底捣腾别人还没开始捣腾的东西，这种东西不仅不会存在高处坠落的失重感，反而还极具价值回归的可能性，比如去做一些股价严重偏离了基本面的蓝筹股。

很多人之所以爱炒小票不爱蓝筹，原因在于小票有成长空间，而蓝筹没有，这是实话。任何事物都有它的上限。好比我们学生时代的考试成绩，从10分提高到60分很容易，但让一个本就每学期年级第一的人从99分提高到100分，显然更困难一些。同样，一个30亿的小票成长为3000亿的大票，是可期待的一件事。但要让原本市值就达到3000亿的大票成长为3万亿的超级大票，可谓路漫漫其修远兮……所以，蓝筹股不能顶着上面去做，其买点一定得是低点，买得越低，越有投资价值。在成长空间不足的情况下，高买就容易被套。

那么，什么样的点才能算是低点？假设一只蓝筹股过去三年股价从未出现翻倍行情，只要它打出的低点有可靠的基本面背书，那么这个低点附近的区域就可以进去。比如京沪高铁（601816）这只股票具有明显的后疫情复苏属性。在新冠疫情肆虐期间，其在2022年5月11日打出了4.29元的最低价，这个最低价是由外界因素和市场情绪共同造就，而非公司本身存在基本面问题。事实上，京沪高铁的基本面非常稳定。看一组数据：

2019年公司铁路运输业务收入为326亿元，毛利率为50.70%。

2020年公司铁路运输业务收入为248亿元，毛利率为30.22%。

2021年公司铁路运输业务收入为288亿元，毛利率为34.84%。

2022年公司铁路运输业务收入为189亿元，毛利率为11.88%。

可以看到，在疫情暴发之前，京沪高铁的铁路运输业务毛利率维持在 50% 左右的水平，即便是在疫情暴发的前两年，毛利率的整体下滑幅度也相对有限，甚至 2021 年还有小小的修复。随着 2022 年疫情翻篇，基本消费、出行普遍得到复苏，铁路运输业务收入至少能恢复到 2019 年的水平。但凡这种逻辑能够讲得明白、财务数据能够算得清楚的公司，股价的套利空间就很好做，只要看它最低的那个点是在哪个月收的，比如京沪高铁的 4.29 元出现在 2022 年 5 月，那么月线图上对应的这根月 K 线的下影线部分都是可以去买的，因为这是只有恐慌才会打出来的位置，可以说是无敌的存在。所以当京沪高铁又一次跌回到 4.5 元以下的时候，是一个很好的捡漏机会。通常买进之后加 20% 就可以卖，当然这是在内卷还未形成的前提下，比如 4.5 元加 9 毛钱，即股价大概率有机会达到 5.4 元，再多要看运气，时间上也需要一定的耐心。显然京沪高铁股价涨幅自最低点算起不止反弹了 20%。然而即便如此，对于绝大多数普通投资者来说，还是觉得不够。在股市，"心比天高，命比纸薄"的人比比皆是，喜欢这种特性股票的投资者不会很多。

2022年5月京沪高铁月K线实时走势图

然而，我们不得不承认，这是一个既安全又相对能够获取确定收益的投资策略。对于这种基本面稳定的蓝筹股，但凡股价回到地板上就可以做，然后就等风来。只要风一来，通常能彻底躺赢。最不能做的事情是把自己变成风口上的猪，当一只猪从风口上掉下来的时候，它肯定后悔当初还不如老老实实在地上躺着来得舒服。对于猪来说，待得最舒适的地方永远是地上的草堆，而非树上的鸟窝。把自己放在恰当的位置，才能自得其乐。

做股票也是同样的道理。对于普通投资者来说，所谓"恰当的位置"就是我明白我不比谁聪明，所以我得尽量少输钱，因而尽量在大家都不赚钱的时候去买，这样就避免了给别人的盈利买单的风险。比如半导体ETF（512480），2023年上半年出现过一次很好的买点，是在跌破所有均线之下，大概是在0.8元到0.9元附近。而在2022年10月，它最低到过0.74元；

2022年12月份打出的最低价是0.80元；2023年2月份最低的时候是0.85元，高的时候是1.12元。这样一看，其实半导体ETF的下限就有了，既然低的时候是在0.85元左右的位置，那么我买在0.9元又能输多少？假设2023年的主区间就是在0.85元到1.12元之间，尽量就低买，之后即便再往下翻2毛钱，也至少比那些买在1.12元的人要聪明。先不说挣钱这回事，至少能套得少。而最傻的人会怎么做？看到半导体ETF跌破所有均线时，不要；稍微涨一点，也不要；在1.1元价格高的时候，要了。

2022年10月至2023年6月半导体ETF日K线实时走势图

不甘心就会让人上头，上头就会输钱。我看到过一个统计数据，在2015年的牛市当中，50万以下的散户账户全在亏钱，即便指数涨到5000点仍在亏钱。普遍的操作是高吸低抛，主升浪永远只吃一口，下跌段就各种不服。这背后的原因，归根结底还是在于没把自己放到一个正确的位置上。既然不够聪明，为何不把姿态放低一点，把预期收益率放平一些？往下放是聪明的表现。买股票本质是买一个性价比，好公司要有好价格，没有好价格情愿放过。正因为我们"放过"很多股票，才不至于输钱。实际上，2023年我选出了好多与公司名气无关却因为各种指标低而产生很大投资价值的股票，这其中许多标的在投资者眼里可能是第一次看到、听到，但事实证明即便如此也不妨碍它们价值回归。很多时候想赢钱其实不用做什么高难度的动作，不用各种炫酷的技巧加持。如果你要求不高，何必搞得那么难，只要下单前认真考虑这只股票值不值这个价即可。股市长期是称重机，讲究质量；短期是投票机，讲究热度。投便宜的好资产，永远是最正确的一条路。当你想明白不求买在最低，但求不输别人的时候，你的操作就简单了，就能游刃有余、有的放矢。

15

低位股的 AB 面

评判低买的标准不能仅仅只看股价先前有无大涨过，也不能仅仅去分析是否有基本面背书，如果要落实到更为细节的把控上，技术的加持显然是必需的。

从长周期来看，宝莫股份（002476）股价在近几年的确没有大涨过。2023 年 3 月 20 日该股出现了 个跳空涨停，这根涨停称之为"四红 K 线"。所谓"四红 K 线"，是指其四个点——高点、低点、开盘、收盘都比前一根 K 线要高，这往往代表着强势向上转折突破信号。反过来，还有一种叫"四绿 K 线"，即高点、低点、开盘、收盘都比前一根 K 线要低，这可以被看成是很强的向下转折突破信号。一般来说，市场上出现"四绿 K 线"和"四红 K 线"的情况并不多，更多都是顺势 K 线，具有惯性。因此当我们看到"四绿 K 线"和"四红 K 线"时，要倍加关注。

宝莫股份在 2023 年 3 月 20 日这一天出现"四红 K 线"后，留下了一个向上跳空缺口，缺口的位置落在 5.27 元。通常在强势向上转折突破信号出现之后，留下这样的缺口往往具有强劲的支撑作用。因此对于青睐低买的投资者来说，显然不会在涨停板上去追，而是等股价回调再出手。也就是说当股价重新回踩到这个缺口附近，反而是一个很好的上车点。

2023 年 3 月 20 日宝莫股份日 K 线实时走势图

相同的案例还有银星能源（000862）。2023 年 3 月 24 日这根涨停阳线是该股的启动点，当股价掉下来回落到启动点附近，即 2023 年 3 月 24 日的最低价 6.43 元左右时，就是一个很好的低吸买点。

通过观察银星能源这只股票我们还发现了另一个规律，它的每一波波段操作的上车点都伴随着地量买进。比如 2022 年 12 月 27 日呈地量，换手率仅 0.71%，次日股价涨停；2023 年

1月13日呈地量，换手率低于2%，次日大涨4.05%；2023年3月23日呈地量，换手率1.79%，依旧低于2%，次日股价又见涨停。这说明银星能源的主力很喜欢在这只股票没有人玩的时候反向拉一波。

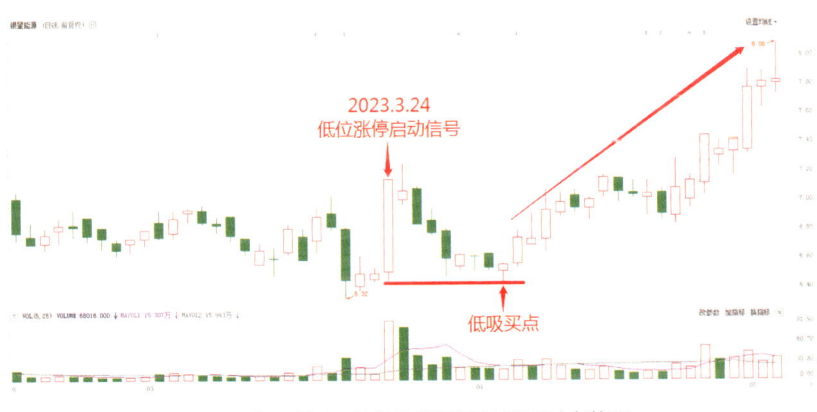

2023年3月24日银星能源日K线实时走势图

2022年12月至2023年4月银星能源日K线实时走势图

有些时候幅度上越是接近启动点，量能上越是接近没人玩，恰恰可以进场做低吸。对于一个没有大涨过的股票，只要采用低吸的方式，一般输不到哪里去，可以说在安全性方面，低买这类股票能给予我们十足的安全感。

　　炒股好比处对象，一旦安全感消失，敏感、多疑、偏执等这些"高能耗"的名词所带来的副作用就会如影随形。安全感一方面来自于他有能力，另一方面来自于反面——他有缺点。正因为有缺点，才会让另一方觉得彼此的关系是安全的，因为"别人不能接受他的缺点而我接受了"。对于有安全感的股票，优点固然在于其有跌不动的能力，而缺点也很明显，就是这类股票出现连板的可能性往往比较小，从短时间收益的角度来看似乎欠缺了点。通常想要把低位个股的股性做活，需要一个漫长的过程。三江购物（601116）在这方面表现得非常典型，2021年12月底是其启动的第一波行情，一直到2023年4月初，将近一年半的时间总共走出了四波行情。从下图可以明显看到，

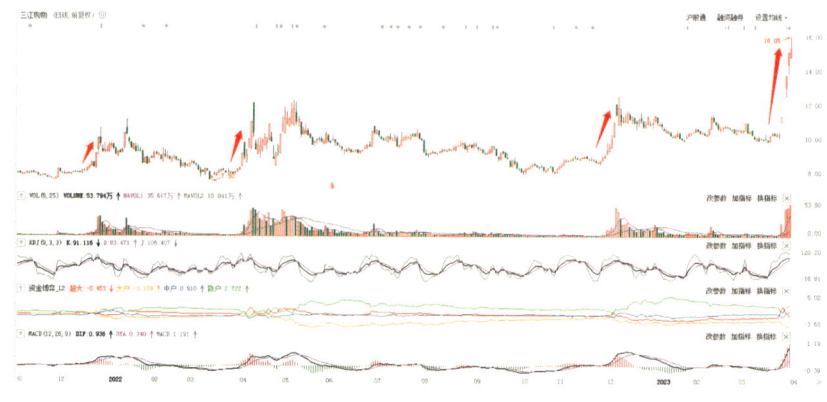

2021年12月至2023年4月三江购物日K线实时走势图

每一波行情越到最后越凶悍，这是一个循序渐进的过程。

  投资者越是在股性刚刚开始活跃的阶段进去，那么距离类似上图最后一波这种狂飙的连涨行情就越久。股性需要逐渐修复，急不得一时。给未来留空间的股票越是低位，在短线上就越是不痛快。因此真要把股票做好，每一招都要做到精，要了解事物不同的 AB 面。我们之所以能够用某些方法挣钱，不是因为这个方法是百分之百的正确，而是因为这个方法不完美，而恰恰是不完美才给了我们可以做的空间。成功的人生往往要懂得取舍，吃的苦足够多，才配挣那些钱。

16

盈利 25% 的"无赖式"打法

时间是这个世界上唯一公平的东西。日本第一位获得诺贝尔文学奖的作家川端康成曾说："时间以同样的方式流经每个人，而每个人却以不同的方式度过时间。"你的时间放在哪儿，你的成就就在哪儿。每个人每一天都能获得崭新的 24 小时，有人把时间交给工作，有人把时间交给孩子，有人把时间交给家人，也有人把时间留给自己。这其中的选项不分好坏，每个人所处的境遇不同，取舍自然不同。很多时候工作仅仅只是一份工作，不能代表对个人价值的全部评判，更不应该被赋予过高的价值。

之所以会有这样的感慨，是因为对于工作和生活，我也曾面临过艰难的取舍。奋斗这件事情其实很"反家庭"，对于一个普通人来说，结婚生子是一个伟大的工程，维持一个家庭并非一桩易事。如果一个人取得了事业上的成功，要么是没有家庭的人，要么必然家里有一个人为对方的事业作出巨大牺牲。

否则受困于精力的限制，事业很难起飞。

我一直说自己是老有所成，也是因为早年被各种家庭琐事牵绊而施展不开拳脚。我以前经常接送孩子，早上送孩子去学校后直接赶去公司上班。晚上接孩子放学后，还要忙着做晚饭，这在一定程度上就影响到职场发展了。然而很多事情无关对错，只关乎取舍。任何场景下的任何取舍，放在当时可能都是最优解。也许正因为多种人生标签都经历过，现在考虑事情才能更加全面。因此，当有一个老学员跟我说："薛老师，你知不知道跟你学的很多人是家庭妇女，真的经受不了大的波动幅度。"我真的把他的这句话听心里去了。

我曾经讲过一个挣钱的秘密，就是要学会扛波动。通常能扛的波动越大，就越能挣钱。之所以不断强调这个说法，是因为多数人不愿意有大的波动，可是要在股市生存，就千万不要做多数人，得做少数人。当一个人逆所有人"其道"而行事，那么这个人一定会有钱挣。因为这个世界上关于挣钱的最大秘诀叫作"无可替代"，即能他人之所不能，顺为凡、逆为仙。有一次我曾直言不讳地跟一个出租车司机说："知不知道你为什么挣钱不多？就是因为你可以被替代，任何一个健康人，只要他想，都可以开车。"还好这个司机不介意我的直白。

虽然这话说得难听，但确实是实情。如果一个人能做一件别人干不了的事情，那么这个人肯定能挣钱。反之则不会。因此当我的老搭档——主持人静静跟我说想开一家奶茶店，问我意见如何时，我果断反对，至今都已经反对 10 多年了。就因为任何一个家庭都可以开奶茶店，所以这件事情万万不能做。后来我们公司的一个导播不信邪，偏偏撸起袖子猛干一通，结果输得很惨，不仅装修的钱没收回来，加盟的钱也没收回来。

回到股票投资这件事上，其实炒股是一门赔钱的手艺，因为人人都能开户，人人都能炒股。大多数普通投资者跟赔钱之间只差一个账户。而不赔钱反倒挣钱的人是谁呢？就是那些能干不容易的事的人。比如人人都在乎 30% 的波动，有人却说我不在乎，那么就该他挣钱。如何才能不在乎？即便生理上无法接受大波动，但是在战法上一定要接受大波动，这个战法就是"分散投资"。

有一段时间我一直在用 25% 这个数字做获利了结的测试。我复盘了 2022 年整个四季度行情，按照买入之后能不能获得 25% 的涨幅去评判在此期间所选的这些个股的买点好坏。其中最大的失败案例是大东南（002263），该股被选出来的时间是 2022 年 11 月，随后一路没涨过，还往下沉了沉。但是即便如此，这只股票截止到 2023 年上半年也没输掉 30%。

16 盈利25%的"无赖式"打法

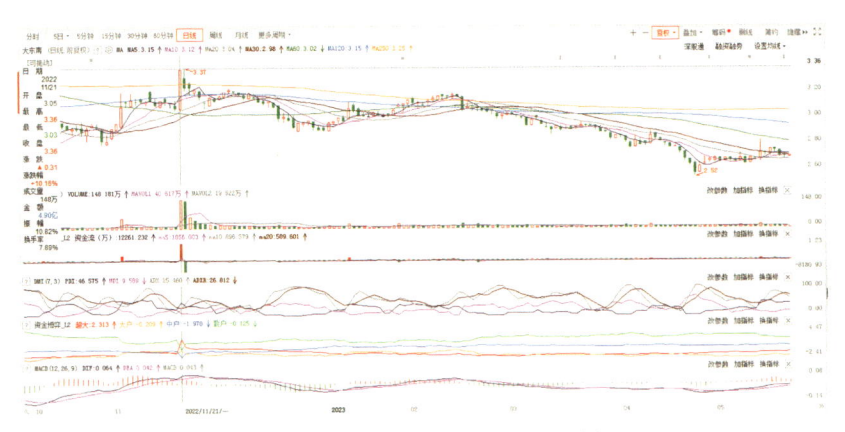

2022年11月21日大东南日K线实时走势图

之所以当时会选出大东南,首先是因为2022年11月21日这一天出现了资金博弈这个指标金叉的信号点。在此基础之上,其复选指标是代表散户的这根绿线数值很小,具备优势;且这一天的换手率达到7.89%,也具有优势——换手率不能太小,通常设在4%以上是一个很好的过滤点。

以上就是我常用的选股方式之一,也就是说如果我选择了相同图形的10只股票,然后我又从中选取资金博弈指标中"超大"数值最大的3只股票,接着我在"超大"最大的3只股票当中选择"散户"数值最低的股票,或者在这个"超大"数值最大的3只股票当中选择换手率最低的那一只,但与此同时我又会排除换手率在4%以下的股票,最后再看一个"大户"数值,如果是正值或者负值较小,那么基本上就能用这些指标做一个十分之一的筛选。

股票二选一就已经很难了，而且根据墨菲定律，往往十有八九会选到"吃土"的那一个。所以十选一我就通过"超大线金叉散户线，换手率大于4%但又不是最大，且最好大户为正"这些条件综合来选，于是大东南在那一天就这样脱颖而出。虽然把时间节点放在2023年上半年来看，它是失败的，但我依旧将其纳入自选，因为我知道这只股票还有发展空间。就好像睿能科技（603933）也是我按照上述这些条件选出来的，尽管在选出之后的很长一段时间它都没有表现，但在2023年5月突然就爆发了，连续拉出5个涨停板！

通过大东南和睿能科技这两个看似失败的案例，我突发奇想——如果我愿意输光，能拿我怎么样？所有人来股市的目的都是赚钱，那么我反着所有人的目的去做，求一个"输光"，要知道想在股市满足自己的心愿是很难的，如此反着来说不定赢面很大。

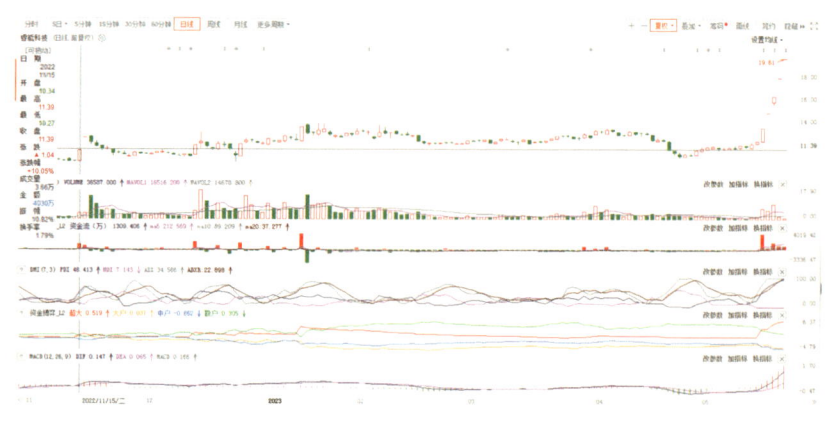

2022年11月15日睿能科技日K线实时走势图

当然这个"输光"肯定不是指总账户的输光。我给那些不能忍受大级别震荡的投资者推荐的可行办法是：在个股上，我要忍受无限波动，而在总账户上，我要控制波动。什么意思呢？就是我在某只个股上可以跟它死磕，但是我不能放入我所有的仓位。比如我只拿5%的资金跟大东南死磕，3块钱买了就不要了，全当送给市场，那会发生什么？无非是总账户也就损失了5%而已，并没有很大的整体波动性。但是我又能在任何一只个股当中，比与我同时进去的那些投资者扛打。我能承受其他散户所不能承受的大波动，那么我会不会比其他散户更容易挣到钱？所以为了挣这个25%，我不止损，我愿意输光。实践证明抱着这种心态来炒股，根本不会输光，相反成功率还很高。

比如按照上述同一性原则，我在2022年10月27日选出来格尔软件（603232），当日收盘价是13.86元，若以次日跳空开盘价15元计算，这15元全当求跌停扔给主力，然后每天晚上睡前多做一个动作——在自己的交易软件上挂18.75元的卖出价，25%的盈利在之后没几天就拿到了。

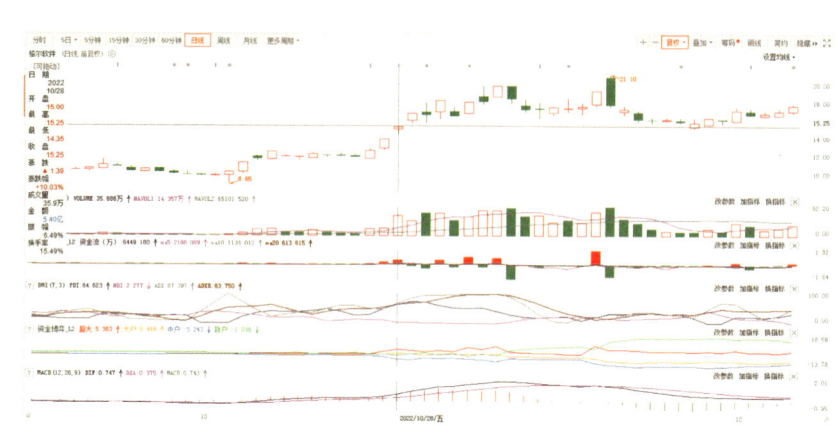

2022年10月28日格尔软件日K线实时走势图

再比如2022年10月28日选出神奇制药（600613），第二天7块涨停价买入，按25%的收益挂8.75元卖出，也成功了。

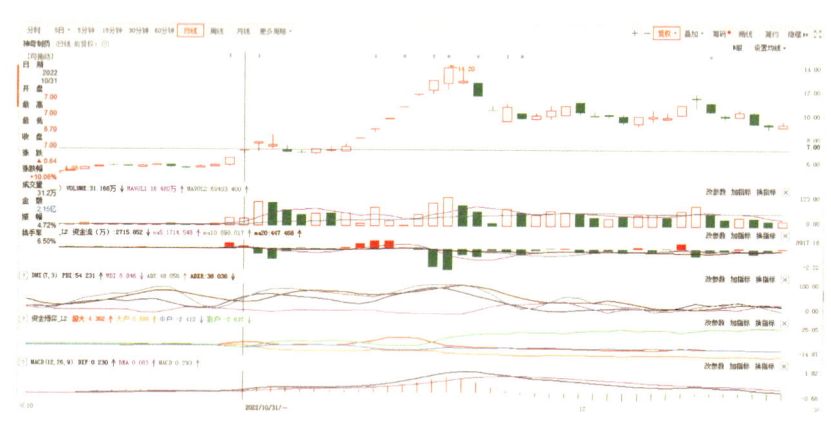

2022年10月31日神奇制药日K线实时走势图

又比如2022年10月31日选出通行宝（301339），第二天以16.01元买入，按25%的收益挂20.01元卖出，花了三周时间也达成了。

16　盈利25%的"无赖式"打法

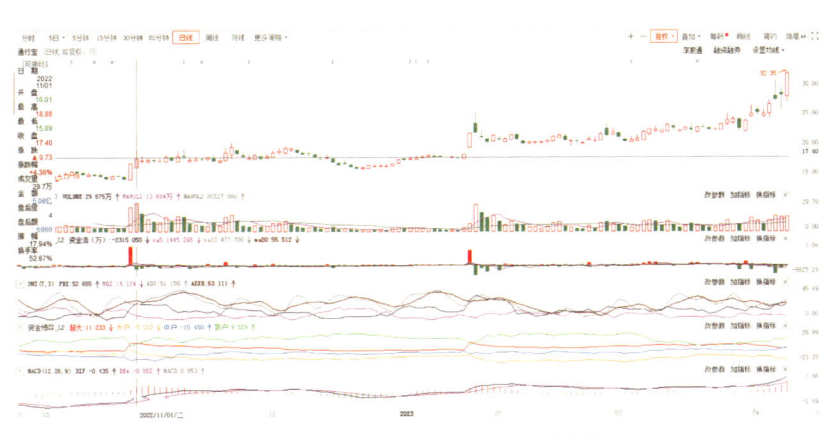

2022年11月1日通行宝日K线实时走势图

还有2022年11月1日选出的邦基科技（603151），第二天以18.62元买入，按25%的收益挂23.27元卖出，也成功了。

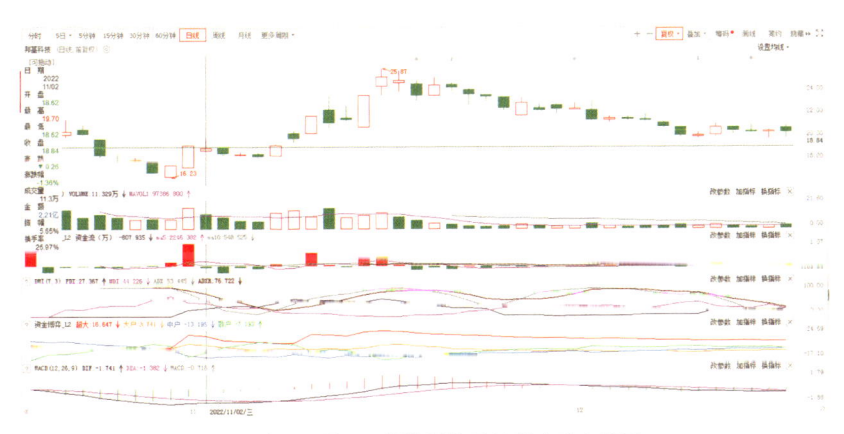

2022年11月2日邦基科技日K线实时走势图

我挣了四个25%，如果每只股票投10万，那么已挣到手10万块钱，下一只股票就算不成功，送给市场了我也愿意。一旦拿出这种耍无赖不要命的打法之后，你顿时会发现什么止损，什么 K 线，什么跌停，来呀，谁怕谁呢？这就是为什么要分散投资、要做仓位管理的原因。拿不住往往因为在乎，在乎则因为仓位重。一旦把股票分散开来，就能很好地缓解在乎的程度。不过有人对此提出了质疑，说这样做股票太多看不过来。错了！当你通过之前讲的这些技术指标去挑选标的，介入的全部是高波动的、具有涨停因子的股票，买的时候它就已经存在"强"的基因。所以只需要扛，扛到谁先获利 25% 就把谁卖掉，根本不用翻谁的牌子来看。这些股票我全都养着，今天谁舞的妖娆我就看谁跳，不愿意舞的也无所谓，反正天天有戏看就行了。

当然这套无赖打法存在的一个弊端是持股周期不确定，有时候很快，短短几天就能达成 25% 的盈利，有时候则需要花上三个月甚至更长的时间。但不管多久，你总能挣到这 25%，难道不香吗？我希望各位不妨反其道而行，以输钱为目标，"强因子选股 + 分散投资"，最后拿一堆股票在冲的时候卖掉。你要知道在冲的时候卖掉，大概率会是一桩划算的买卖。

我把这样的打法分享给石头，石头听了跟我说："还真是无赖到极致，可以说没有失败。这个失败不是客观结果上的失败，而是主观行为上的失败。只要人还在，只要账户不被直接销户，只要永不认输永远不卖，就没有失败。"

我被他的这套说辞给逗笑了，然后认真地跟他讲："如果你求死，你反而活了。我这 25% 成功的股票都有一打了，送一个退市的怎么了？我乐意为支持实体经济作出贡献。但凡我舍不得，我就挣不上这个钱；我舍得了，我才能挣上这个钱。"

实际上这背后的逻辑是基于对风险的管控。如果单押一只股票，谁不怕？我都会怕得要死。然而一旦分散开来，并且把获利的幅度放大，像我这样设在 25%，只要干对四次就可以免费赠送一个。我们做股票不但要允许股价向下波动，更要允许股价向上波动，甚至 25% 的向上波动幅度可能都少了。只有允许股价大幅向上波动，才能弥补其他股票向下波动的风险。如果抑制向上波动的幅度，那么向下波动也要更加严格地抑制，而过度抑制波动会导致操盘失败率的提升。所以尽管这套方法被称为是无赖式打法，但也是有具体管理方法的。当成功的案例看多了之后，你就会知道这里面其实是有节奏的。

金融是风险管理，一旦把这弄明白了，就什么都能干，否则就什么都干不了。越是不在意，越能赢大钱。所以思路要打开，格局要打开。

17
反弹贵在"抢"

    我能够执着地与一只股票死磕，是因为我有足够的定力和耐心。那些投机倒把、惊险刺激的动作适合年轻气盛的小青年来，比如石头。像我这种年过半百的"老人家"，大部分时候只愿意干一些气定神闲、愿者上钩的事情，这样既不会被盘面搅黄了心情，还能日日有所期待。偶有心血来潮，也会快准狠地去狙击，图一个乐子。

    我这人不爱追高，低买迎合了我一贯的喜好，因此当股价跌够了的时候，就轮到我这老姜出手了。抢反弹不等同于低买，低买等的是一个价值回归，需要时间，需要耐心；而抢反弹挣的是一个情绪差，当情绪恢复正常，便要果断止盈。因此对于抢反弹来说永远得有这个心态，就是赚上一根、两根阳线就可以跑了，全当没做过，就算是捡的，怕就怕在下跌当中抢反弹，越抢仓位越重，幻想着把千年的亏损都通过这一把抢反弹给拿回来，那简直更要命！每一次我们抢反弹打进去的钱都是为了救里面的人出来，如果打进去一个连，就要带一个连加一个排出来。如果打进去一个连，里面的排救不出来不说，反而还要牺牲前来支援的这一个连，那还往里冲什么？所以抢反弹要看好节奏，时刻记住目的是为了救人，而非送死。

至于抢反弹的节奏点怎么找，在寻找这个答案之前首先需要对"量"有一个正确的认知。在一个下跌的过程中，缩量代表着没有人前来抢筹码。如果股价真的足够便宜，必然会有场外的人出手豪买，届时自然会看到有量能放出来。任何的加仓、做T、抢反弹、抄底等等这些动作，都需要等放量信号。放量并非主观的判断，而是有着明确的定义。东方财富软件上的量能指标的原始参数是（5,25），5代表以"周"为单位的成交量，因为一周有五个交易日；25代表以"月"为单位的成交量，因为一个月有22—23个交易日。量能指标呈现的这三个数值如果蓝色数值显著大于粉色和灰色，即当日的成交量大于一周和一月的成交量，这就是技术上定义的放量。

上证指数在2022年8月2日这一天便构成了这样的条件，伴随跌幅高达2.26%。单根下跌放量大阴线是不是最好的抢反弹的点？不是。真正抢反弹的点是在次日，是以2022年8月2日这根大阴线为标尺，结合资金趋势指标，在资金流出放缓的情况下，可做反弹。这样的点才可能是半个月之内最好的情绪逆势点。

2022年8月2日上证指数日K线实时走势图

  同样的图形还出现在上证指数2022年8月31日和9月1日这两天，前一日成交放量，后一日成交缩量，伴随前一日资金流出而后一日资金流出减缓。因此把9月1日这一天看成是抢反弹的点，随后同样迎来了一波上涨行情。

2022年8月31日上证指数日K线实时走势图

  量能条件的满足说明当天存在矛盾，有足够多的人愿意跑，

17 反弹贵在"抢"

也有足够多的人想上车。有矛盾就能产生力量的转变，从而形成短期趋势的逆转。如果市场不存在矛盾，类似上证指数 2023 年 3 月 10 日这根阴 K 线，其成交量三个数值分别为 2.811 亿、3.072 亿、2.875 亿，显然当天的成交量既低于一周也低于一月，这反映出主力并没有顶着散户买。换句话说，空头宣泄的力量没有被强大的多头承接，自然这一天就不是抢反弹的点。

2023 年 3 月 10 日上证指数日 K 线实时走势图

这个市场有很多的聪明人，无人问津就是还不够便宜，没人来抢就先不要动手，只有看到两股力量展开激烈交锋才值得下注。抢反弹并不急于一时，有时候错过就错过了，等下一次机会出现再抓，毕竟这种图形会经常看到——有一个大的放量，次日放量减缓；有一个大的流出，次日流出减缓。当然还有一种变形，就是次日成交量放得比前一日还要大，但只要次日资金流出是减缓的，也可以被看成是一个可操作的抢反弹的点。

18
唯有量价最真实

多数情况下，放量始终是好事。在所有技术分析指标当中，除了量和价以外其他全都是假的。不管 KDJ 也好，还是 MACD 或者 RSI 等等，这些指标全都是人为定量和定性，仅仅反映了对量或者价的看法，并不代表真实的量和价。它们只不过在被设计的过程中抓住了一些主要因素，过滤了一些次要因素，但不改被部分扭曲的事实。凡是被定义的东西，都有偏差。不会产生偏差的指标只有两个，那便是真实的量和价。

正因为如此，市场每一轮大底的形成都能通过量能的表现被寻得一些蛛丝马迹。底要有底的样子，底要有绝望。任何一个底一定会充满恐慌气氛，并且把筹码抛撒开来。当看到底量超顶量，便可预判底部的形成。但是很多投资者对于底部的判断，从一开始方向就错了。每每听到市场在讨论大底的时候，头肩底、圆弧底以及各种底的声音不绝于耳。但凡讲的人越多，这样一种技术形态也往往被误用最多。在将来，中国股市会有很多假的头肩底或头肩顶。在头肩底没有走出来之前，根本不要相信，因为很多时候肩的压制是很难突破过去的。如果硬要去做头肩底，最正确的做法是先不管头肩底能不能形成，总之做到肩的地方就逢高卖一笔。

相比于形态学，就底部判断这件事上，一个最简单的方法还是看量，看低位有无爆出巨量。历史上每一次反转行情都伴随着底量呈巨量，无一例外。离我们最近的一轮熊市大底发生在2018年11月份，从上证指数月线图上看，成交量达到40.5亿元，在此之前的下跌段当中，没有一根量柱比40.5亿元还要大。巨量出现之后，行情便发生了反转。

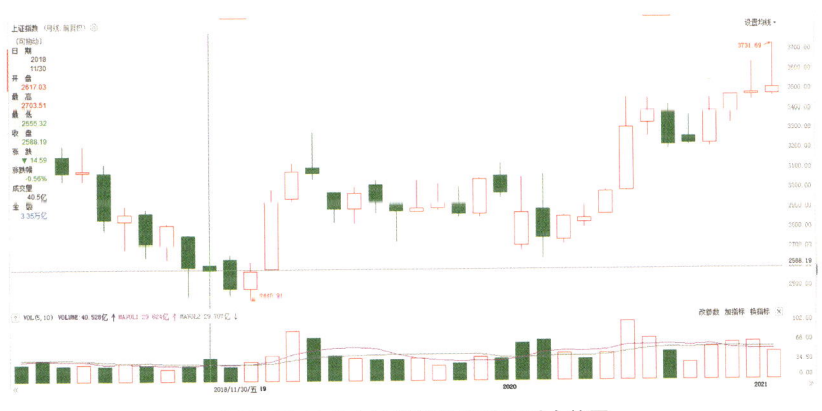

2018年11月上证指数月K线头时走势图

日线多骗线，月线无假线，月线上的量能更不会骗人，通过月线量能去判断底部进场时机相对来说是有效且稳妥的。倘若主力把假线做成一个月，未免也太闲了。我们不用去管这巨量的底量到底是被谁买去了，无论外资还是内资，或者险资入场，总之月线必见天量。这里的"量"是指成交量，不是指"成交金额"。"天量"表示成交量最大，但金额不一定。如果是"天金额"，不光量是最大的，金额也是最大的。但凡出现这种既是"天量"又是"天金额"的情况，那么这波行情也就不止2019年到2021年这点高度了。历史上"天金额"的情况仅仅出现过两次，随后都创出了大行情，这两次大行情留下的烙印就是6124点和5178点，如今回过头去看让人感觉遥不可及、艳羡不已。而2018年11月这次尽管成交量是最大的，但金额不是最大的，因此只能走反弹。

在我心里A股能称得上大行情的次数一共才三次。第一次是上证指数打到2445点，在此之前指数从未超过1500点；第二次是6124点；第三次便是5178点。此后再无让人激情澎湃的行情。我看了那么多年才总结出这一招，可想而知花了多长的时间。所以尽管底很难猜，但你一定会在图上看到结果。

想要形成底部换手，不光别人愿意买，也要有人愿意卖。所谓"底部换手"，就是股价没怎么涨而换手完成了。换句话说，只有在一个很小的区间当中散户都愿意割了，才能形成底。通常散户割了之后，筹码便会倒到机构手里，逐渐就形成了大底。往前翻10年、20年的K线图，若有人仔细观测便可知道我所言绝无虚言。任何一次大的反转都是底量比整个下跌量都多，有的时候甚至底量比历史都多，好比这一个月放的成交量、放的成交金额都是历史上从未见过的，那就堪称为历史性行情。

其实现在的股民已经很幸福了，有太多渠道可以学习，有足够多的图形可供参考，有各种案例可以参照。我当年真叫摸着石头过河，每一次走出来的图形都是前所未见，更别提寻找周线、月线当中的规律，连样本都找不齐，哪有规律可供总结，靠的全是血泪换来的经验教训。现在我把这些经验汇编成易懂的图文，就是希望你能避免撞得头破血流。

19

与牛共舞（上）：初见牛影

　　A股历史上最高的两个山顶，如珠穆朗玛峰一样傲然挺立，而在山脚下等候许久的我们，在不断经历失望、挫败而又无能为力后，总忍不住要问一句：A股何时再冲苍穹，直逼云霄？

　　信念还是要有的。永远相信美好的事情即将发生是一种能力。我想在我退休之前，A股肯定会再来一次大牛市，快的话或许未来两年就能看到。

　　回望历史上每一轮牛市的启动，有一个重要数据可以让我们窥见牛市的影子，那就是股市新增投资者人数指标。该指标会在每月上旬5日—10日公布。当某个月份看到这个指标的数值达到200万，下个月要做的动作就只有一个，即"买买买"——涨上去是买，跌下去也是买。股市为船，资金为水，水涨船高，再自然不过。所谓"牛市"，都是由量堆叠起来的，只要有足够多的新人，股市便不会差。因此，一旦看到新增投资者人数达到 200 万，即便行情在跌，也要有买买买的坚定信念。

比如 2022 年 4 月大盘见底，随后走出一波为期两个月的小牛市行情。而在此前一个月，即 2022 年 3 月的新增投资者数量达到 230.20 万。既然条件符合，那就无惧 4 月跌势，只管买就行。若有技术分析能力加持，可以判断低点则更好；没有也问题不大，最简单的方式就是定投，稳守信念一个月，就能迎来 5 月这一波转势行情。

2022 年 3 月新增投资者数量表

之所以 3 月开户数井喷之后，4 月走势还能再往下砸，其实是有原因的。彼时美元指数飙涨，打压了包括 A 股在内的很多资产价格，于是才有了上证指数 2863 这个低点。然而这样的低点在技术上其实是非常有必要的，如果不砸出个更深的位置，则反弹拉不出幅度，硬拉就会让上面的解套盘全部获得解放，这在博弈上是不合适的。好的博弈是既能挣钱同时又不会让原先套住的人解套，那么有这样一个从低到高的区间就可以操作得非常自如。

2022年3月至7月上证指数日K线实时走势图

　　说回新增投资者人数指标，这个数值可以去中登公司网站或东方财富软件上查询。当新增投资者人数达到一个高峰的时候，意味着社会对于股市资产的整体评价也在上升。处在这种上升阶段，必会发生存款搬家的情况。一旦存款开始搬家，无疑要开始积极看多。就像2015年矗立的那座山峰，在5178点形成之前，彼时每月新增投资者人数都在200万以上。

2015 年 4 月至 7 月新增投资者数量表

当新增投资者人数达到 200 万以上之后，通常会有半年到一年左右的行情，直到这个数值跟不上，行情也就没了。因此，如果下次我们看到 200 万、300 万、400 万的新增开户数涌现，记得一定要满仓。

这个指标在每月初公布，反映的是上个月的新增情况。有些投资者可能会担心等看到这个数值之后再行动会不会晚了？中国人确实很聪明，当一个宝箱现于闹市街头，聪明人往往习惯躲在后头，先让别人去抢，抢要抢一阵子，等先抢的人彼此坑害得差不多了，再以鹬蚌相争渔翁得利的心态出手。就好比 2022 年 3 月份股市大跌而新增开户数却是年内最高，说明股民迫不及待进场抄底的习惯一直未变，要是等到下个月再行动，反而能买到低点。更何况对于牛市来说，真正赚钱的时候从来都不是牛市上半场，下半场才是高潮迭起。当下半场没购入股票的人都开始往里搬迁推至满仓，而你竟然不拿筹码，那么损失才可能是巨大的。至于刚起步阶段，即使真有所踏空也不用太当回事儿。

在众多指标当中，股市新增投资者人数这个指标可以说是最简单的。然而需要说明的是，我们看到的这个数值并不一定是真的。有一次我外出吃饭跟朋友聊起这个指标，然后朋友对我说："你搞错了，新增开户数相当一部分都是假的，每个券商都有新增开户数，且全是花钱买来的，所以中登公司的数据并不靠谱。"朋友还说："不信你可以加入那些各种各样的开户群，专门有人负责职业开户，那些户开出来就是为了薅羊毛，全是死户。"这个情况我是了解的，但并不影响我的统计，因为我只看起效果的数据。如果说券商每个月的KPI指标是总共造假30万户，除非这个月造假30万，下个月忽然不造假了，那是会对我有影响。否则有何干系？事实上有些假还真造不了。2015年的上半年，证券营业部火到什么程度？任何一家证券营业部都大排长龙，所有人都加班加点坐在柜台前迎接散户排队开户。无论网上开户还是线下开户，全都忙不过来。所以一旦热情来了，根本不需要造假，只要记住新增开户数冲到200万以上就可以搞，然后拿住筹码，永远满仓即可。只要趋势未结束，绝对不要提早下车。

20

与牛共舞（下）：盈利二忌

牛市的本质是泡沫。用泡沫掩盖问题，最后让最贪婪的人买单，是牛市惯有的套路。有本事的人会在泡沫吹大的过程中挣到钱，而没有本事的人则会从哪里来回哪里去，中途浮盈如过眼云烟。

想让自己变成有本事的人，一忌抛太早，二忌抛太勤。很多人可能并不知道，熊市当中资产价格的打折是腰斩再腰斩，反过来牛市当中会跑出翻倍再翻倍。牛市最不能错过的阶段就是下半场，只有牛市下半场才能创造超额收益。当年有一个基金经理在大盘涨到 3000 点的时候毅然离场，等到指数从 5000 点掉下来的时候，自诩早已功成身退是多么明智的选择。众人对此给予的反馈也是一致好评，认为其是一个不折不扣的优秀基金管理人。然而在我看来这种评价不过是笑话。牛市玩的是击鼓传花的游戏，越是玩到后面越要不在乎，但凡存有一丁点儿在乎，便会错过下半场，也就挣不到大钱。正所谓"风浪越大，鱼越贵"，它既是风险，也是收益。

所以当一只股票在牛市当中涨了100%先别急着抛。如果才涨100%就抛了，然后去买低位，往往会发现还没轮到低位启动，那个涨了100%的股票又涨了50%。按照以往经验来看，即便是在牛市开头的三个月或者半年时间里面，都会有很多股票没有被流动性覆盖，没有快速涨起来。牛市不言顶，合适的调仓时机往往是在股价确确实实到达高位之时。在这个"高"定位假设已经挣了4倍以上，那么就可以选择卖出，因为4倍再翻4倍的概率是很小的，但是3倍再翻3倍的概率还是有的。

实际上，应对牛市最简单的策略归纳起来就四个字——买入持有。对于普通投资者来说，过于折腾还不如不折腾。熊市当中多数的买点都不是买点，传统买点到最后都会变成卖点，变成"遇见金叉离死不远"的事实。既然熊市金叉多骗人，反过来牛市死叉也骗人。在上升途中每一次震荡的终点，即技术指标走空头，或者某个大家关注的技术位置跌破之后，往往就是一个反手点。所以牛市其实并不存在什么"线上阴线买"的问题，遇到线上阴线的最优解就是"扛"，扛到线下阳线去抛，扛到跌破反抽结构去抛，扛到反抽确认去抛。这样算下来，其实在整个牛市中需要操作的次数至多也就3到4次，甚至你也可以执行"只卖一次"的策略，定好自己心里的收益预期，一到就卖，别贪别恋。

我赞同牛市"只卖一次"的策略，是因为有个词叫"从未缺席"。我曾经和朋友在电话里讨论过一个问题：有没有可能在未来的牛市当中踩中节奏？讨论出来的答案是肯定的，就是我们彼此都很确定通过某个方法能让收益跑赢大盘。而这个方法单纯从估值分位的角度来讲，就是去找具有行业代表性的、股价位置低的、估值也在低位的股票。这些股票在过去有个现象，它们的发力通常只在牛市下半场才会显现，而在上半场几乎看不到它们赢的一面。它们只是迟到，但从未缺席。可以验证的事实是，2014年下半年小票全在暴跌，而至2015年小票不但涨了回去，还翻了很多倍！

迟到的正义算不算正义？在正义未到来之前，对人性的考验是非常大的。当投资者看到其他票都在往上涨，而自己手里的低位价值迟迟不动的时候，很有可能就会放弃掉自己坚守的理念，忘了最开始上车的初心。仅仅是因为迟到，就变得难以坚守。所以牛市看似很容易挣钱，实则并非如此。

有数据统计，如果把资金账户按照"50万以下，50—300万，300—1000万，1000万以上"分为四档，那么最输钱的一档便是50万以下的群体。在上一轮牛市2014至2015年当中，这个群体输了112亿元，而其他三个群体全都是赚的。在牛市向上震荡过程中，资金体量在50万以下的中小散户做的动作大多都是"高吸低抛",但凡抛的时间晚一点,抛的次数少一点,也不至于能亏那么多。输钱的关键还是在于"无信念,拿不住"。如何让"拿不住"这个问题变成"一直拿"?在牛市没来之前我们还有时间思考。

21

去吧，去跟随趋势吧

海子说："我有一所房子，面朝大海，春暖花开。"这似乎是千千万万个我们心中所向往的生活。对于无数股民来说，所追求的东西也具有一致性，那便是牛市。牛市给每一位投资者安上了想象的翅膀，即便脑海中梦想的美好生活仍是海市蜃楼，但也抵挡不住牛市憧憬之下带来的片刻欢愉。

要说股市最大的快乐，莫过于做一个牛市的追随者。骑在牛身上任它驰骋，在趋势未结束之前，就算什么都不做也能把无限风光尽收眼底，这是牛市带给我们的最大恩赐。当然想要获得这样的恩赐，前提是得懂得如何跟踪趋势。除了之前所介绍的"线上持股，线下持币"这一招外，有一个指标也能帮助我们很好地跟踪股价趋势，那就是DMI。

DMI指标默认参数是（14,6），代表的是深回档。如果把参数数值切一半，改成（7,3），则代表的是浅回档。DMI 最主要的两根线是粉线和蓝线。粉线是 –DI，代表下跌；蓝线是 +DI，代表上涨。当 +DI 一直在 –DI 之上，就构成了上涨趋势，该指标表现为蓝线在粉线之上。反之，下跌趋势则是粉线在蓝线之上。

以中证 1000 指数为例，2023 年 4 月 21 日这一天 DMI 指标由之前的粉线在下变成了粉线在上。只要粉线在上，就得卖，而且永远不要买回来。2023 年 6 月 5 日，DMI 粉蓝两线靠近，但没有形成金叉。因此真正的第一次买回来的点应该落在 2023 年 6 月 16 日这一天，因为这一天形成了真正的金叉。然后到 2023 年 6 月 21 日这一天再卖掉。如此便是通过 DMI 指标追踪趋势的方法。

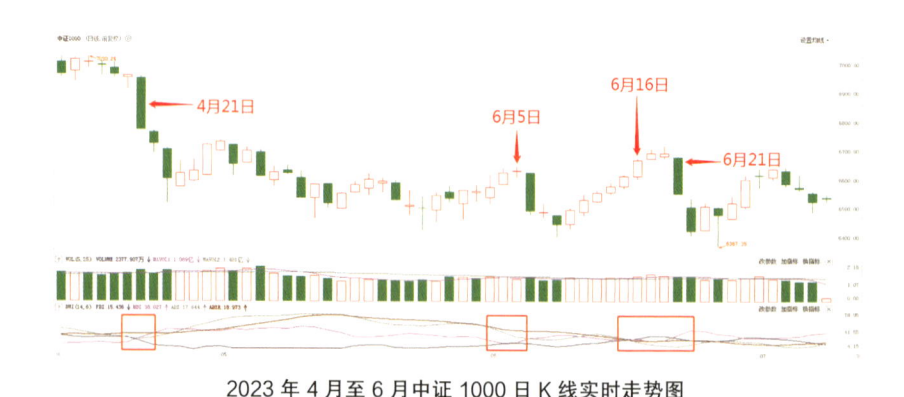

2023 年 4 月至 6 月中证 1000 日 K 线实时走势图

有没有趋势决定了该指标好用与否。如果一直震荡就很麻烦。比如明明看着 2023 年 6 月 16 日快要走出趋势来了，但仅过了两个交易日，至 6 月 21 日这天一看又没了。然而，一旦碰到强趋势行情，DMI 的威力就能很好地体现出来。比如上证指数自 2021 年 12 月 29 日开始走下降强趋势，如果严格执行 DMI 指标粉线在蓝线之上不买的铁律，就能躲过 2022 年 5 月 17 日之前的整个回调过程。尽管这当中也有几次蓝线略微回到粉线之上，只不过一旦界定是强趋势的情况下，逆向的"多"不会轻易开出来，多头能做到的最强力量是形成一个金叉之后就再也没有力气，这是大家在技术分析当中要明白的一个点。

2021 年 12 月至 2022 年 5 月上证指数口 K 线实时走势图

那如果按照浅回档来看，也就是把 DMI 的原始参数改成（7，3）之后，就会变成一个更敏感的指标，我们可以将其称之为"7 天的 DMI"。还是以丫头中证 1000 指数那一段的走势为例，7 天的 DMI 指标会提前发出做空信号，即 14 天的 DMI 指标原本是在 4 月 21 日这一天才提示卖出，但是 7 天的 DMI 指标在 4 月 18 日这一天就已经显示粉线在蓝线之上。

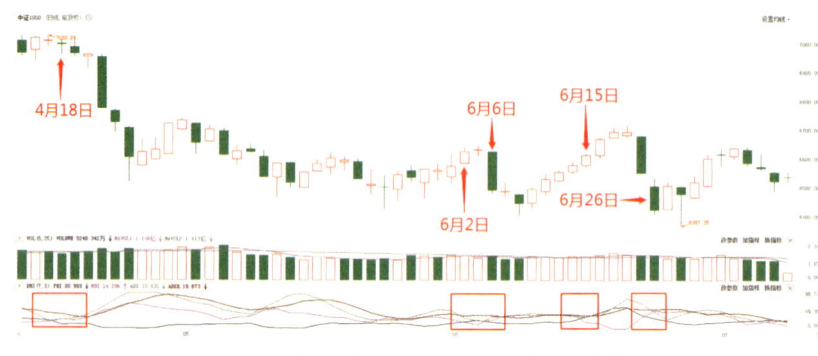

2023 年 4 月至 6 月中证 1000 日 K 线实时走势图

在提前发出做空信号以后，到了 2023 年 6 月 2 日发出做多信号，然后 6 月 6 日又发出做空信号，并且在 6 月 15 日这一天再次发出做多信号。由此可见，在提高了 DMI 指标敏感度的同时，杂波也会变得特别多。尽管 7 天 DMI 指标可以让投资者先于 4 月 21 日这根大阴线祭出之前早跑几天，但是在 6 月初的时候却要多割一次。因为按照 14 天 DMI 指标，6 月初这段时间都无需操作，但是 7 天 DMI 指标告诉我们 6 月 2 日这里可以做，然而只要一买进去，就立马吃套。与此同时，原本 14 天 DMI 显示的 6 月 21 日这一天的卖点，也要滞后到 6 月 26 日了。

其实杂波往往来自于我们的心量。我们心量越小，杂波越是不可过滤；我们心量越大，杂波越是可以过滤。《坛经》有载："时有风吹幡动，一僧曰风动，一僧曰幡动。议论不已。惠能进曰：'非风动，非幡动，仁者心动。'"就是因为我们在乎，所以会自乱阵脚。股市当中有些钱真的就只有心量大的人才能挣着，这并非心灵鸡汤，而是确实如此。

2023年4月至6月中证1000日K线实时走势图

　　除了粉线和蓝线，DMI指标还有灰线和褐线，代表着ADX（平均趋向指数）和ADXR（平均趋向指数评估）。灰线若向上，代表有趋势；灰线若向下，代表无趋势。仍以中证1000指数举例来说，灰线在2023年4月13日这一天转折向下，代表趋势消失。换句话说，之前中证1000走的是一个上涨趋势，到了这里就进入盘整了。盘整无趋势，只适合做高抛低吸。到了2023年4月18日，灰线又开始向上转折，说明趋势重回。但一定是上升趋势吗？不一定。这个趋势由粉蓝两线决定，粉线在上是下跌趋势，粉线在下是上涨趋势。那么4月18日对应的是粉线在上，由此开启了一波下跌趋势。一直到4月28日这一天趋势消失。趋势消失不代表上涨，所以4月28日这一天不宜做多，只是不做空而已。假如持有空单的投资者自4月18日开始参与了这一波跌势，那么到了4月28日这一天就应该了结空单。这是灰线的用法其一。

　　灰线不单单有这样的用法，它还有一个高级用法——超买超卖。灰线通常有上下两个极限值，当它打到趋势的极限值的时候，我们通常可以去做趋势转折的预判。比如中证 1000 指数 2022 年 12 月 23 日这一天，灰线和褐线同时打到极值 100，那么这个时候就算投资者看不懂底分型这个 K 线形态，但通过指标也能大致判断这里可能会出现一个比较好的转折点。其实指标和 K 线是同一套东西，指标只不过改变了 K 线的某个观测角度，因而有时我们会觉得用指标舒服，有时会觉得用 K 线舒服。

2022 年 12 月 23 日中证 1000 日 K 线实时走势图

典型的例子就是 2022 年 12 月 20 日到 2023 年 1 月 6 日的上证指数，从 DMI（14,6）指标来看，粉线在蓝线之上，这里无需任何操作。也就是说看空应该从 12 月 20 日这一天开始，一直到次年 1 月 6 日才开始翻多。很多人看这图形会感觉 DMI 指标具有严重的滞后性，明明已经往上涨了一段了，才开始出现翻多信号。然而现实情况是当时市场里头有很多专业投资者都在这一时刻为当日的翻多拍手叫好。为什么呢？因为他们看的不是 DMI，而是 2022 年 12 月 19 日这根大阴线，当这根大阴线被吃掉之后，趋势派的那一类人才有了看多的理由。显然，这是技术分析上的殊途同归。浸润于市场二三十年研究过不同分析师的大大小小策略，我明白任何一个策略都是传统技术分析的变形，万变不离其宗。

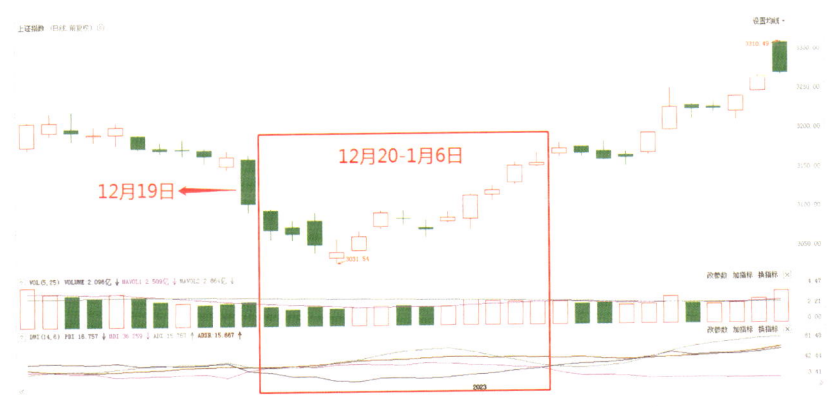

2022 年 12 月至 2023 年 1 月上证指数日 K 线实时走势图

当然，灰线除了上述两个用法外，还有第三种用法，就是往往下跌趋势要达到动量以上才肯罢休。什么是动量以上？比如说中证 1000 指数在 2022 年 9 月 19 日这一天，粉线还在不断上升，那么灰线至少要大于粉线一定的数值才可抄底。如果粉线在上，而灰线没有跟上的时候，不要轻易去赌趋势结束，底肯定还没有到。

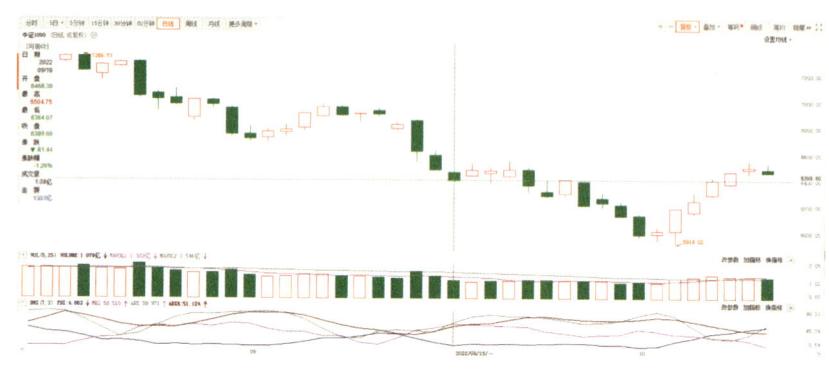

2022 年 9 月 19 日中证 1000 日 K 线实时走势图

就像中证 1000 指数 2022 年 8 月 24 日这一天，通过 7 天的 DMI 指标看到，粉线在上而灰线在粉线之下，两者还在同步上涨，显然这里不能赌下跌趋势的终结。类似看到 8 月 24 日这种如此大的下跌动能，并且引起了下跌趋势，那么这个趋势不会轻易结束。至少在灰线超越粉线之前，这个趋势是不可能终结的。换句话说，就是在动量很大的情况下，如果趋势还没跟上动量，不要轻易去赌趋势结束。

2022 年 8 月 24 日中证 1000 日 K 线实时走势图

还有一条褐线代表的是灰线的平均值，它每次都比灰线跑得慢。要说更稳一些的话，当然是用平均线。不过具体用灰线还是褐线，最终还是取决于自己在用DMI两套参数——（14,6）和（7,3）去面对行情周期的时候，哪个套上去用得更舒服就选哪个。还有一点，有的时候灰线和褐线的交叉也可以认为是趋势的终结，但准与不准还是要比对套用14天周期还是7天周期之后才能大致有所了解。

事实上，上述所讲的这些已经是关于DMI指标最简单的运用方法了，但估计大部分投资者看到这儿已经开始烧脑了。烧脑是正常的，如果实在感觉大脑核心处理器对上述这些信息处理不过来，那么就记住最简单的一条即可，那就是"但凡粉线在上，永远不要参与。"只要躲过粉线在上的时段，就是赢家。这不仅仅应用于日线，周线、月线级别也可以这样去看。

讲真我以前也不知道这个指标，后来即使看了学了，也依然没有学会，因此十几年前我总觉得这个指标并不好用。直到有一天我在上海真如寺营业部遇到一个老太太。这个老太太其貌不扬，但却一直教人逃顶。一旦发现个股走势存有异样，她就用上海的吴侬软语跟大家喊着："跑了跑了，快点跑啊快点跑！"旁边的股民尽管一脸茫然，但还是糊里糊涂地跟着她的指令跑去卖了。事后看，很多时候跑才是对的。每每这时我总在心里嘀咕："神人啊！怎么那么厉害？"后来一问，才知道她用的那一招就是DMI指标，然后我就从她那儿把这个指标给学来了。还真别说，散户厅里有的是高手，但凡低调一点，别人还真发现不了。可能他就只会那么一招，但就是凭着这一招却把炒股实战玩得明明白白。这也告诉我们一个道理，有的时候没人用的指标反而好用，因为庄家也不用，庄家在盯着别的指标做，这对于很少被人用的指标而言，反而是好事。

所以对于小白来说，要先学会"一招鲜"，知道这一招什么时候适用，什么时候不适用。在适用的时候把这一招练到炉火纯青的地步，只凭这一招肯定称不上技术分析，但恰恰可能只因为这一招能把老手都干掉，这是小白入市要达成的第一阶段，即精进一招鲜。第二阶段是你要回避掉那一招鲜不能用的部分。比如我知道这一招什么时候不好用，那我就老老实实待着不出招，转而去练下一招。这个时候，你就已经是一个交易者了，知道什么时候用这招，什么时候用那招，不能用的时候就是不能用。能有自己熟悉的一两招其实就是高手了，所有专业一点儿的投资者都是这么来的。没有人是全面的，我也不全面，所以不要想着我每一天都挣钱，这怎么可能？每个人最擅长的那几下往往跟他的性格、脾气、认知都有关系。正因为如此，有他吃上风的时候，就有他吃下风的时候。然而吃下风的时候往往不会被看见，"信息茧房"造就一众股民只感觉到他厉害，就像大家都喊我"薛神"，认为我什么都知道，所向无敌，那我也只好浅浅地装一下了。

22

拥抱极限下的迸发

从小白到大神，不同级别背后，都需要不同的知识技能做支撑。外面各路大神的炒股技艺再系统，可能都没有我说的这些碎片化的妙招来得实在和高效。股市变幻莫测，打出的牌往往让人感觉出其不意，唯有见招拆招才有可能逆风翻盘。因此成不成系统不是关键，关键是工具箱里的东西足够多，且能驾轻就熟拿来用。

在我的百宝箱中，布林线也是常用工具之一。对应东方财富软件上的默认参数是（20,2），并由三根线组成——上轨、中轨和下轨。中轨就是均线，对应参数 20 就是指 20 天均线；上轨和下轨是均方差，参数 2 就是指 2 倍的股价标准差。

石头喜欢追板也擅长打板，他总是沉迷于涨停模式且玩得不亦乐乎。有一日我就问他："有没有一个涨停板上去以后，你敢说不可能往下跌20%？"石头沉思了一会儿，向我摇了摇头。于是我便对他说："今儿为师就好好教你一招。"

这一招用到的一个最"硬"的东西，叫作"布林极限宽"。尽管炒股软件上的默认参数值通常设定在2倍标准差，但我在判断一只个股的介入点时，往往用到的是周线级别的3倍标准差。

蓝色光标（300058）2023年2月3日的这根周K线，光从肉眼观察就能发现布林线走的是一个由收敛到打开的过程，而我喜欢的介入点正是落在这种位置。

2023年2月3日蓝色光标周K线实时走势图

这种位置有何耐人寻味之处？不妨先套个公式来计算一下：（上轨÷下轨）×100%，对应到2月3日这根周K线的布林线数值，即6.24÷3.97×100%=157%，这是一个很经典的打开图形，因为通常 A 股股价能压到的一个重要极限值是 130%。这也是我向石头提出那个问题的答案，也就是说如果布林线上轨和下轨的比值在 130%—140% 之间，即上轨只比下轨多 30%—40%，那么这个点进去几乎没有往下 20% 的波动空间。

蓝色光标 157% 的比值虽然略微超了一点，但距离 130%—140% 的区间也没差得太远。因而从图形上看，该股自 2023 年 2 月 3 日这一周之后几乎看不到往下的空间。这种时候，只要做好仓位管理，尽可以大胆地跟它死磕，我拿 20% 的仓位不怕它 20% 的震荡。正因为分了仓，所以才能拿得住，剩下 4/5 的仓位可以去做别的股票，假使三个月里头能抓到两只类似蓝色光标这样翻倍都不止的股票（2 月 3 日这周至 5 月 5 日这周累计涨幅达 174.85%），你都会觉得你自己在炒股这件事上已经有把握了。

布林极限宽的好处是让投资者在无形当中节约了买进去扛跌的时间成本。实际上，蓝色光标最开始的买点信号出现在 2022 年 11 月 4 日的这根周 K 线上，从技术形态来看彼时走出了一个强底分，然而布林线仍呈一个开口状态。

千万不要在布林线开口状态当中去做股票。类似上图这种地方，建仓往往始于此，且建仓必有洗盘，而我们永远不会知道主力洗盘会洗多久，只有等它收敛之后再次张开獠牙，才是性价比极高的点。毕竟我们每个人最多也只活三万天，实在没有太多时间陪庄家一直耗下去。骗了我一辈子的就是长期投资，我直到50岁才明白，时间没了，还要钱有什么用？所以不要妄想抄在最低点，但凡不这样想，就已经节约了大把的时间。

2022年11月4日蓝色光标周K线实时走势图

布林线的开口，代表的是趋势状态；而布林线的收口，代表的是平衡状态。所谓"强趋势"行情就是上轨上行和下轨下行——强势上涨的时候，股价始终挂着布林线的上轨；强势下跌的时候，股价始终挂着布林线的下轨。一旦挂不住，则趋势可能发生转折。所以对于布林线来说，口子打开得越大，越是高风险。当布林线打开到极限以后再去玩长线，"输光"是必然的结果。但如果在其比值收敛到150%以内的时候去做股票，你获得的优势即便是错了，大概率也不会亏多少。当然如果碰上全市场暴跌，那就是另一种说法了。所以大盘还是要看，系统性风险还是要知道，然后学会回避。

23

高抛的艺术

对于一只强势上涨的个股，它的极限就是布林线的上轨，且很少能看到有落在周线 3 倍标准差之外的地方。这就是上一篇文章中我青睐于用周线 3 倍标准差而不是 2 倍标准差的原因——经验告诉我股价跑到 3 倍之外很容易发生回踩。比如西

2022 年 11 月 25 日西安饮食周 K 线实时走势图

安饮食（000721）周K线在2022年11月18日打出去之后，紧接着后面11月25日就走出了一根回拉的阴线。

同样，蓝色光标2021年12月3日的这根周K线也走了一个打开拉回的图形，前面两根K线的上影线均上穿到上轨之外，于是短期就产生了向下的均值回归，但回归的幅度并没有完全走完，随后再一波拉起，接着走势慢慢趋坏，直到这一波的涨幅全都回吐完成，便很规矩地从上次的启动点开始再来一遍。

2021年12月3日蓝色光标周K线实时走势图

赌均值回归存在一个节奏，往往越是平静段的行情，越可以去关注。比如天迈科技（300807）周K线2021年7月、12月以及2022年8月的这三次走势。

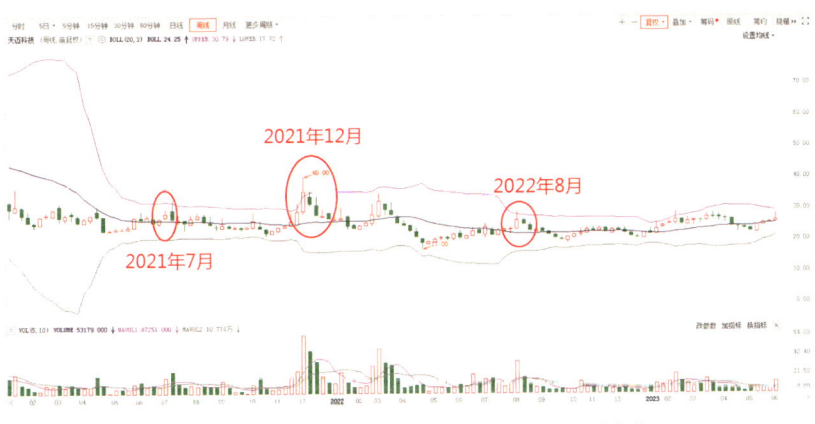

2021年7月至2022年8月天迈科技周K线实时走势图

之所以能够去多加关注，是因为股性是慢慢改变的。股性即人性，由持有者的个性所决定。什么人会在平静段当中买？必然是那些喜欢短线做差价、喜欢高抛低吸的人。所以当股价打到3倍标准差之外，一定会有大量获利盘要高抛，这就会形成集中高抛的力量从而把股价给带下来，带回到通道内之后股价开始企稳，随后达到了某个价位又会吸引这批人重新买进来。我还在证券营业部散户厅工作的时候见多了类似情况，好多老股民就死盯着一只股票来回反复地做，跌下去了买，涨上去了抛，情有独钟。

随着股性逐渐改变，接下来就会看到股价慢慢就不愿再往下轨那里去了。就好像天迈科技2023年6月30日这一根周K线，其下影线只落在中轨附近。按照我们技术分析的讲法，到了这个阶段，就要进入挂轨阶段。

2023 年 6 月 30 日天迈科技周 K 线实时走势图

挂轨阶段往往最容易卖飞，也最容易吃上"大肉"。虽然不是每次咬着牙都能吃上"大肉"，但是不咬牙肯定吃不上"大肉"。但凡赚大钱都是属于低成功率的事情，股市难就难在人性要适配那么多不同的风险偏好，然而偏偏人性又是极其难以扭转的。

既然挂轨阶段的"大肉"不是随随便便就能吃上，那没点高抛的技巧加持还真不行。开头有句话很重要：对于一只强势上涨的个股，它的极限就是布林线的上轨。那么高抛对标的尺子，自然以股价是否打到布林线上轨为准。然而，参数设置不同，布林线上轨的位置也不尽相同，并非所有个股的股价打到周线布林轨道 3 倍标准差这里就会回落。

23 高抛的艺术

2023年6月至7月天迈科技周K线实时走势图

仍拿天迈科技 2023 年 6 月的这段走势举例，如果把周线布林轨道的参数设置成（20,3），会在图上看见三个卖出机会，分别落在 6 月 16 日、7 月 7 日和 7 月 14 日这三根周 K 线上。前两次一旦选择卖出而没有买回来，就会错失 7 月 14 日这根周 K 线 45.50 元的高点，这与我们吃"大肉"的愿景背道而驰。

怎么办？调参数。当我们把周线布林轨道的参数调成（20,4）时，又会发现 7 月 7 日这一根周 K 线可以不用卖了，因为股价压根没有打到布林线的上轨，其最高价也就是 34.77 元，而布林线的价格则是 35.2 元。这样高抛的点就减少为两个，一个在 6 月 16 日这根周 K 线上，另一个在 7 月 14 日这根周 K 线上。

2023 年 7 月 7 日天迈科技周 K 线实时走势图

  事实上，不管设置的是 3 倍标准差还是 4 倍标准差，假设在 6 月 16 日这一根周 K 线上卖出，都有机会接回来。这里头存在一个筹码回接的小技巧，即周线布林中轨参数"20"对应的数值加 2% 等于回接的价格。因此，当天迈科技在 6 月 21 日这周出现回落后，下一周我们大概率可以按照 6 月 30 日这根周 K 线的中轨数值即 25.89 元加上 2%，相当于加 5 毛钱，以 26.40 元的价格把筹码重新买回来。虽然买回来之后可能会有吃套风险，毕竟 6 月 30 日这一根周 K 线的最低点是 26.32 元，但这样的套牢程度无论从时间上或是空间上来说都极为有限。不主动吃套，就不一定买得回来；不买回来，也就没了 6 月 16 日这周卖在 31.93 元而 6 月 30 日这周买在 26.40 元的一个成本下降空间。

2023年6月30日天迈科技周K线实时走势图

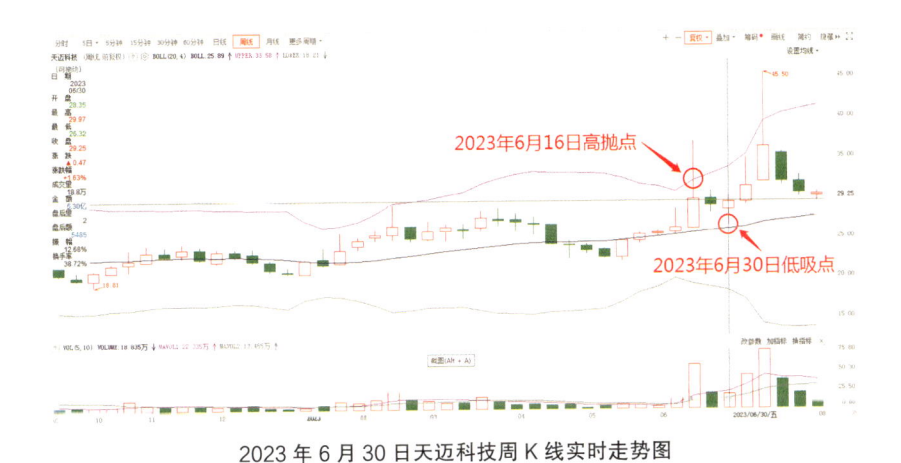

  值得一提的是，回接的点加 2% 不是一个绝对值，基本上中轨参数值加 3%—5% 都可以，如果是加 3% 的话，更容易接回来；如果是加 5% 的话，可能更容易套一些。但不管加 2%，还是加 3% 或者 5% 也好，筹码回接的前提永远是这只股票还在做多周期当中。一旦做多周期发生转变，抛了也就抛了。

  当然，就天迈科技而言，设置成 4 倍标准差显然还不够完美，似乎还可以卖得更贵一些，比如我们继续把布林线参数调成（20,5），从图上看 7 月 7 日这一根周 K 线同样可以不用卖，然后 6 月 16 日这根周 K 线可以卖在 33.55 元，7 月 14 日这根周 K 线可以卖在 42.52 元，也就是上影线部分。

2023 年 6 月 16 日至 7 月 14 日天迈科技周 K 线实时走势图

回到日线上去看，42.52 元这个位置对应的是 2023 年 7 月 12 日这根大涨阳线，能在这个地方做高抛已经很"香"了，比前一根调整 K 线的最高点 42.50 元还可以多卖 2 分钱。

那如果回到周线级别，继续把布林线参数调成（20,6），又会看到怎样一番景象呢？可以欣喜地发现在 6 月 16 日这根周 K 线上，我们能够以 35.16 元的价格卖得很香，但是在 7 月 14 日这根周 K 线上，却找不到卖点，当周最高价是 45.50 元，而布林线的价格是 45.68 元。由此可知，对于天迈科技这只股票来说，我们不能用周线布林轨道 6 倍的均方差值来判断高抛点，而应该用 5 倍的均方差值更为合适。当我们用 5 倍的均方差值锁定了 7 月 14 日这根周 K 线作为高抛点的时候，其对应的换手率也是这段时间以来最大的，为 155.84%。这和市场上的其他模型不一样，其他模型都主张有成交量就是好票，比如做主流热点的、做龙头的，都说带量是好票，看到要埋伏。而到了我这里，更偏爱买在无人问津处，卖在人声鼎沸时。因此带量是卖点，155.84%的换手一定很好卖，因为数据本身就告诉我们在这里卖出会有非常多的人来接盘。

2023 年 7 月 12 日天迈科技日 K 线实时走势图

天迈科技的案例讲完了，这是一个周线布林轨道 5 倍均方差的个例，不具备普适性。交易向来不存在一致，尽管开头讲了多数个股跑到 3 倍外头很容易发生回踩，但就有那么一些不循规蹈矩的家伙，像极了我们上学时班级里头总有那么几个爱出风头的少年，每个人都可以有鲜明的个性，每只股票亦如是。因而高抛的艺术全在于一个"调"字，如何把布林线轨道的参数调到和这只个股最匹配的状态，可谓"仁者见仁，智者见智"。这当中不仅仅只是整数的调整，还可以精细到小数点的调整，当然小数点的调整就需要自己手动输入了。

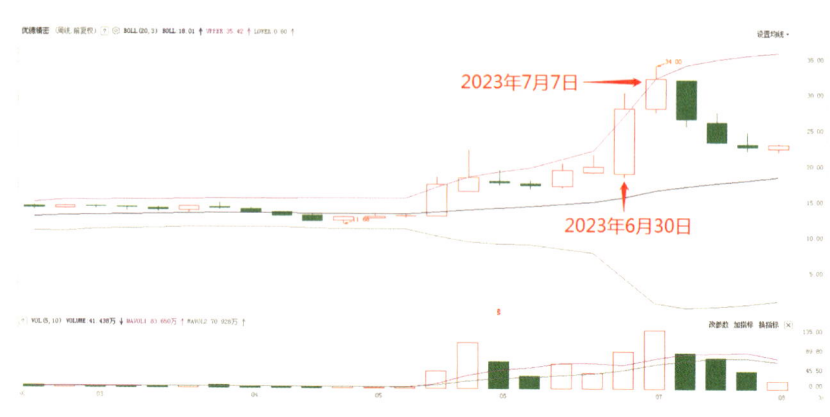

2023年6月30日至7月7日优德精密周K线实时走势图
（优德精密 BOLL（20,3）图）

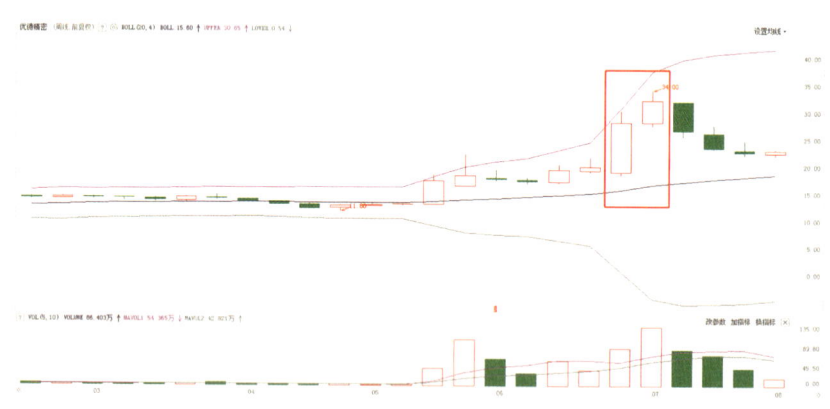

2023年6月30日至7月7日优德精密周K线实时走势图
（优德精密 BOLL（20,4）图）

比如优德精密（300549）这只股票在挂轨阶段，如果把布林线参数调成（20,3），等不到7月7日这根周K线的高抛点，就已经在前一根周K线即6月30日这一周里提早下车了。又如果调成（20,4），则完全没有下车的机会。

既然 3 也不成、4 也不成，那么手动调个 3.5 试试，然后便发现可以卖了——6 月 30 日这一周可以卖在 28.77 元，虽然也是上影线部分，但仍会错过后面一根周 K 线的涨幅。

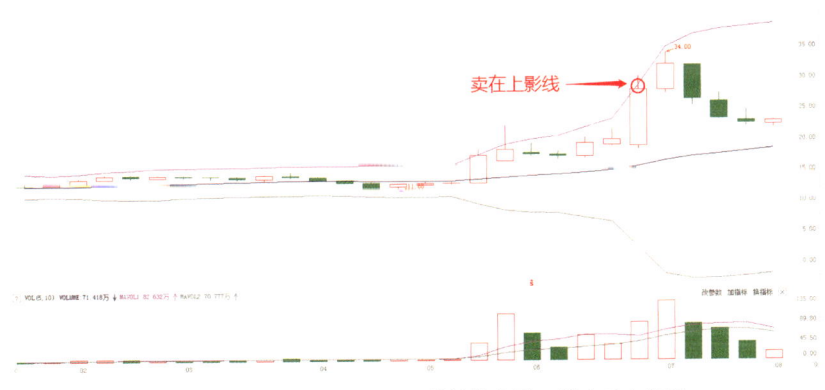

2023 年 6 月 30 日至 7 月 7 日优德精密周 K 线实时走势图
（优德精密 BOLL（20,3.5）图）

所以股市没有万全之策。参数取到 5，就会不容易卖掉；参数取到 3，就会很容易卖飞；参数取到 3 和 5 之间，看似会有一个还行的点，但也不是所有个股都适用。天下"取舍"二字最难，你是想尽量卖掉还是想尽量 hold 住，全在于自己的取舍。有时候无论你怎么选，会发现总有遗憾。然而那些遗憾也并非真的是遗憾，只要你内心不认为这是遗憾，那就是一定程度上的圆满。

以上便是个股在挂轨阶段的高抛艺术。如果只是从低位起来，就像南京新百（600682）2023 年 7 月下旬到 8 月初的走势，虽然周线上走出三连阳，但即便只把参数取到 2，也很难达到卖出的点，看 8 月 4 日这根周 K 线，股价最高达 9.09 元，而布林线的值是 9.10 元。毕竟走的是超跌反弹的属性，从低位起来的第一波通常到不了周线 3 倍标准差，2 倍标准差有时也很难到达。

2023 年 8 月 4 日南京新百周 K 线实时走势图

个股高抛点看周线，指数高抛点则看日线。因为指数反映的是所有股票相互作用下的结果，指数大涨是因为多数股票都在上涨，指数不动也不等于没有股票在动，可能仅仅只是 3000 只股票上涨而 2000 只股票下跌而已。正因为指数的涨跌幅由众多股票每日进行加加减减来决定，所以指数的幅度一定不会在周线上放大到 3 倍标准差、4 倍标准差、5 倍标准差……甚至日线级别的 3 倍标准差都不一定能达到，历史上最多也只能找到那么一两个点，比如 2021 年 2 月 18 日我预判上证指数跌

400点的封神之举，就是用到了日线级别的 3 倍标准差。

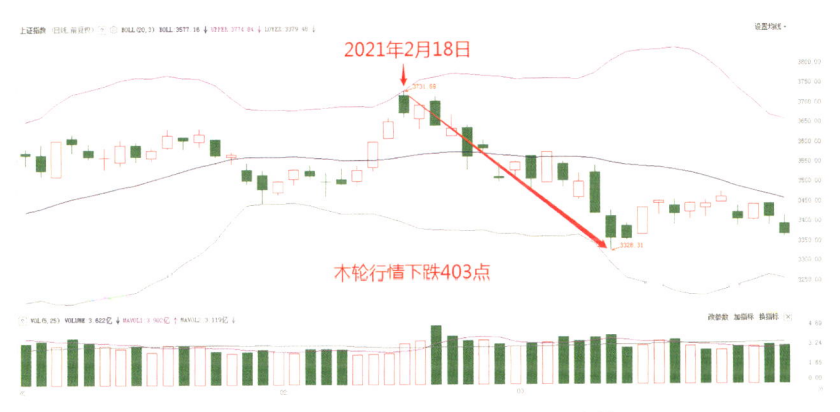

2021 年 2 月 18 日上证指数日 K 线实时走势图

我们在应用的时候，一定要懂得方法背后的原理。我讲的所有方法都有基本逻辑，不是简单拿过去就可以照搬照抄，就好比给你个锤子后你看任何东西都像个钉子。所以有时候还真不是工具的问题，而是脑子的问题。

上证指数 2021 年 2 月的这一波往下打到中轨后没有刹住，直逼布林线下轨。但有时股价在回拉的过程中，布林线中轨会扮演一个"高压电线"的作用。如同中证全指缩小一个级别，在 60 分钟图上看 2023 年 1 月 12 日和 1 月 31 日左右的这种走势，当股价触碰到了这根高压线，就会"蹭"一下往上跳起。

2023年1月中证全指60分钟实时走势图

但高压线也并非每次都通电。倘若股价打到布林线中轨继续往下，这时就要小心了，这种大概率是破坏性行情，上升通道很难再维系。只不过一般来说，行情很少会出现A杀，在"高压有电"失效之后，通常在这个地方都会由竖转横，如中证全指2023年2月这一段。而且，在回拉的过程中，布林线下轨越是上行，越会形成第一波的支撑，特别是在这个支撑此前从未被考验过的情况下。

2023年2月至3月中证全指60分钟实时走势图

因此，当股价第一次甚至第二次打到布林线下轨的时候，往往都可以接，尤其第一次往回接的成功率很高。但在接的同时你心里得明白，这不是一个好现象。有些东西浅尝辄止就好，千万别上瘾。

24

体面，从放掉大输开始

一个人，一旦信念崩塌，便再也做不成事。很多投资者之所以玩到最后行迈靡靡，中心摇摇，把账户一销了之，就是源于通过股市赚钱的信念已被虐得支离破碎、灰飞烟灭。信念的存续靠的是反复成功的体验，而反复成功的体验源自不间断地反思与修正，明白在该博弈的时候博弈，在该老实的时候老实。

股市里有大跟头也有小跟头，小跟头栽了也就栽了，大不了站起来，拍拍灰再走。但大跟头万一栽得生疼，栽得胆寒，栽得毫无反抗之心彻底躺平，又该如何拯救自己的账户？绝大多数普通投资者很难扛下20%以上的亏损，要是像易华录（300212）这种在2022年3月至5月期间跌了50%以上、2022年8月至10月期间跌了30%以上，那带来的暴击程度更具杀伤力。作为一名有经验的老手，我压根不会碰这两段行情。但凡CCI指标数值在0以下，就是熊市，别碰！除非很确定此处有超跌反弹的机会。

"见指标，见 K 线"是我们这些专门搞技术指标分析的人需要达到的一个境界。如果把上面 K 线全部遮掉，光看下面这个 CCI 商品路径指标，大概也能感受到上面 K 线一泻千里的走势图形。各位不妨打开自己的炒股交割单，看看输钱输得最多的地方是不是在这个 CCI 为负的时候，如果是，就说明你在下跌段持股的时间太长了。因此你需要改变的是尽量在下跌段少持股，与之对应的一个简单有效的办法便是过滤掉所有 CCI 指标为负的阶段。也有另一类人比较特殊，比如像石头，他输钱一定不是输在 CCI 为负的阶段，而是都输在 CCI 为正的阶段，而且还是正得不要再正的那种阶段，比如说 CCI 数值在 100 以上。当 CCI 数值从 100 以上拉回到 100 以下，这样的走势也很伤人。

2022 年 3 月至 10 月易华录日 K 线实时走势图

这就引出了 CCI 指标两个很重要的点，一个是 0 以下，一个是 100 以上。0 以下会吃土，100 以上会吃肉，只不过前者吃土的概率是 100%，但后者能不能吃肉就不好说了。当一只股票在 CCI 数值 0 以下待久了之后，何时值得我们多看一眼？那便是从 0 以下回到 0 以上。拿易华录来说，2022 年 10 月 12 日的 CCI 数值还是负的，为 -52.98，次日就变成 +21.694。这只不过说明走势从下跌转为了不下跌，会不会随即迎来起爆模式？不一定。

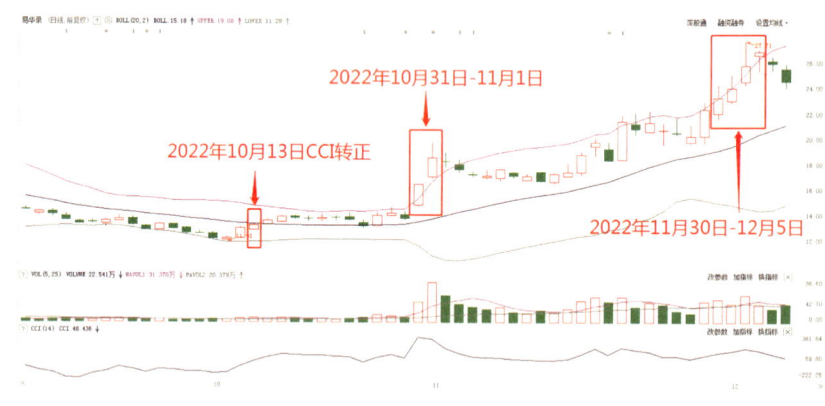

2022 年 10 月至 12 月易华录日 K 线实时走势图

起爆模式往往发生在 CCI 数值 100 以上阶段，而且是能持续维持在 100 以上。比如易华录在 2022 年 10 月 30 日这一天，CCI 数值才 60.116，但随后两天，也就是 10 月 31 日和 11 月 1 日，CCI 数值连续维持在 100 以上，分别达到 361.84 和 330.716，对应股价两日涨幅各为 20.03% 和 12.61%。还有 2022 年 11 月 30 日至 12 月 5 日这四天交易日，CCI 数值分别达到 139.256、

163.144、204.751、172.431，四天持续站稳 100 以上，对应股价累计涨幅达 20.43%（见上图）。

理想状态下，我们要做就做 CCI 保持 100 以上且下不来的这样一个阶段。然而，理想丰满，现实骨感。尽管我们要找的点很明确，但无论哪个技术指标都存在假信号，假信号就像恼人的苍蝇动不动就在我们面前晃来晃去，我们无法做到视而不见，如何解？要我说无非是小输小赢罢了。就像易华录在 2022 年 10 月 17 日出现了 CCI 突破 100 的信号，这一天买进去，收盘价是 13.86 元，等到 10 月 22 日 CCI 跌破 100 将其卖出，当日收盘价为 13.76 元，我们为了抓一个大的，输了一毛钱。

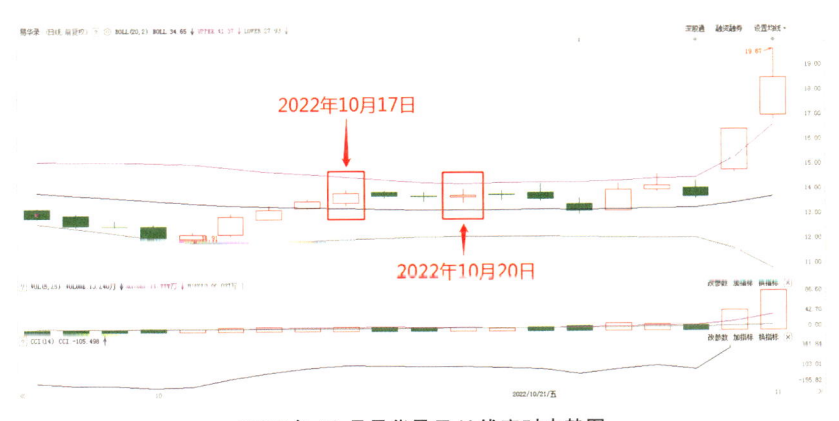

2022 年 10 月易华录日 K 线实时走势图

这一毛钱值不值得输？每个人有每个人的看法。在我看来，当有一个搏大的机会摆在你面前，而你却选择拱手相让，那还来股市干什么？与其这样，不如打工，拿稳定但不多的收入。

我曾经问过一个很有意思的问题：如果有这样一个选择摆在你面前——选 A，直接拿走五万元；选 B，可以拿走 500 万，但只有 2% 的概率，你打算怎么选？绝大多数人会选 A，因为这具有 100% 的确定性。选 A 的期望值是 $5×100÷100=5$ 万，选 B 的期望值是 $500×2÷100=10$ 万。人们往往会为了追求高概率而放弃做期望值高的事情。这样对吗？也没错。但固守安全的同时也扼杀了你创造财富的可能性。拿确定的钱注定此生普通，就好像打工一辈子的人生很稳，但基本没有其他可能性了。而成功人士的思维一定是选择去做期望值更高的事情，承担其中的风险。

所有发财因子当中必然隐藏着破产因子，这就告诉我们若不确定自身有着能与这些人中龙凤可比拟的能力和同等的好运，那么面对这道选择题我们普通人能给出的最好答案便是——永远要期望值，但是永远不押 100%。不押 100% 就不会遭遇大输，类似易华录这种一毛钱的小输还是输得起的。事实上，做交易总共也就四种状态——小输、小赢、大输、大赢。普通投资者之所以总是输钱，原因就在于普通投资者总是牢牢锁定住了一种状态，那便是大输。比如喜欢押上 100% 去博大，比如总是在 CCI 数值 0 以下死守破股一万年……好不容易偶遇小赚，就迫不及待要把盈利的那只股票给抛出去。实际上，你以为北京炒家专门打首板的成功率很高吗？他的交割单要是拿出来，就会看到其有大量的挣小钱和亏损的单子。按照他后来的自我反省，还是要继续做首板，因为不做就没有大赢的机会。只要有一次大赢，就能覆盖掉无数次的小输。

基金公司的运行也是如此。很多人可能并不知道，基金公司专门设立了一个岗位，叫作"监盘"。监盘的人整天只管一件事——控制亏损的幅度。坐在这个职位上的人，专门负责监控风险、管理品种、限制仓位。亏损的风险大不大？品种是不是允许买？仓位能不能随意动？这些都是有严格要求的，所以基金经理其实并没有太多自由。监盘的人不允许一只股票买到满仓，也不允许一只股票有大的损失，其目的就是为了把"大输"这个状态提前移除。想更好地过滤掉大输，就得提前控住"小输"的状态，让小赢、大赢的股票随便跑。长此以往，正反馈不断得到放大，从而渐渐形成正向循环。

所以，想要在股市当中体面的生存，一定要学会如何避免"大输"。只有在把"大输"过滤掉之后，在你下次交易时看到 CCI 数值回到 100 以上，或许会发现博与不博已不是问题了。

25

成功的路径：3小时&15年

我们的交易行为往往决定了投资结果的好坏。作为一名从业三十年的证券专业人士，我愈发体会到在交易行为的过程中，对于各大因子的顺序调换会让整个投资结果大相径庭，有时候从小赢到大赢靠的便是剔除那个最不确定的因子。通常，小赢小输常有之；大赢既靠实力，也靠运气；至于大输，我已很少遇到了。但凡是我认真研究过的股票，很少会大输。普通投资者之所以会大输，主要是由于对瞎蒙六位数的财富密码有着执着的韧劲。

当我们的交易状态只剩下"小赢""小输""大赢"的时候，虽然距离实现财富自由还有很长的路，但是隔三岔五加一个鸡腿倒也不在话下。有人一定会这样问："薛老师，如果大赢覆盖不了小输怎么办？"

容我想想……

出现这种情况,要么就是买的品种不对,要么就是交易时间不对,归根结底还是不懂炒股。靠瞎蒙的成功率自然是极低的,即便看到盈利也多半是纸上富贵,想要把纸上富贵实打实地转换成沉甸甸的银两揣进兜里,还得靠不断进阶,越是进阶到后面,越是会感受到调换因子的重要性。唯有走到这一步,方能说是在研究股票了,也才开始进入到痛苦和快乐的境界。

痛苦的根源在于这个市场没有确定性。所有人来到股市都会碰到各种各样的情况,这些情况都是在不断变化的。唯一不变的只有变化本身,所以我们才需要不断调整自己的思维方式。有一个统计学家曾给出过一个概率思维的方式,叫作"贝叶斯思维",这里面分先验和后验。当我们抱着原先积累下的投资经验冲入股市,得到的结果倘若和自己的设想背道而驰,有的人会学习反思,有的人不会;有的人会通过后来的经验去修正原先的先验思维,而有的人则始终抱着自己先验的东西去批判这个市场不对。两相对比,高下立见。我们口中常说的"复盘",就属于后验,拿事实说话。通过事实不断修正自己的已有经验,让先验变后验,后验转而又变成先验,如此往复循环,慢慢接近真理。因而复盘很重要,这是我们必须要一直做下去的功课。总有很多投资者来问我:"薛老师,复盘到底怎么复?"其实这种问题不该问我,而应该问自己。每个人要解决的问题不尽相同,自然复盘的方式也各有千秋。复盘的第一步是先抛出要解决的问题，然后去寻找解决问题的方法。

举个例子，如果一个投资者想通过复盘来解决"我怎么能搞涨停板？"这个问题，那么理所当然的第一步必然是打开涨幅榜，看看当日有没有涨停个股。相对来说研究涨停板会更容易一些，因为历史数据比较好找。但如果是研究其他东西，我们就要更加留意每天的盘面数据，必要时候拿起笔记录一番，否则某一天想倒回去复个盘，会发现连原始数据都没有，那么复盘这事就没法做了。假设我们把时间拨回到 2023 年 7 月 4 日收盘后开始复盘，会在当日个股涨停榜上发现了一个日线上升 30 厘米的股票——骏创科技（833533）。

2023 年 7 月 4 日骏创科技日 K 线实时走势图

这是当天唯一一只日线上升 30 厘米的股票。那么要吃到这 30 厘米，我们就得看看它在前一天有什么规律和亮点。仔细琢磨发现，它在前一天出现了跳空高开，这算是一个好现象。还有吗？原来它在前一天股价创了新高，这又是一个好现象。另外，再继续往前找，还能发现什么？原来前几天日线上的股价都运行在布林线轨道之外，这也是一个好现象。

复盘到这里，我们继续往下探寻，这只股票是在什么时候开始跑到轨道外面去的呢？哦，原来是在 2023 年 6 月 28 日这一天。当日最明显的特征是在换手率上。当日换手率为 5.49%，而前一天的换手率才 0.56%，接近 10 倍的换手，量比一定会大于 4，这既是经验性的，也是很显性的研判，往往看一眼底下的成交量就知道。因此我们便可得出这样一个结论——放量出轨道 + 收盘创新高 ≈ 股价大涨先兆，这不就是突破的开始吗？

再或者联想到用 EXPMA 这个指标来看大格局，切换到骏创科技周 K 线图来看，又发现了一个亮点——哦，原来大原则是要做周线级别多头排列的股票。

于是，很多人认为自己"学会了"。

2023 年 6 月 30 日骏创科技周 K 线实时走势图

　　实际上，你并未学会。你以为你学会了的结果只不过反映了应试教育熏陶之下不变的线性思维习惯，即一个问题永远只对标一个确定答案：以后只要买到这样的股票就能挣大钱，然后一个礼拜当中只要等 30 厘米就行了。可能吗？从 6 月 28 日到 7 月 4 日，骏创科技这五天的收益大约在 50% 左右，我们讲的"八年一万倍"都没有人做到，更何况一周 50% 的收益。一周 50% 的收益意味着实现一万倍根本用不着八年，一年不到就已经是一万倍了。甚至从概率上来讲，假设"八年一万倍"是投资者的上限，摊匀到每周的话，周收益也就是 2.5%，对应类似骏创科技 50% 的周收益，这当中的比例关系是 20 倍，这意味着抓到骏创科技这种股票的成功率仅 1/20。真的会有投资者愿意接受这样一个方法，即 20 次交易里头仅中一次，其他 19 次都不赚不赔吗？过高的收益率必然伴随着大量的失败，鲜有普通投资者能接受得了失败，尽管失败也是成功的一部分。

回到复盘这件事上。复盘不单单是对单一个股的观察，横向比较同样很重要。如果把 2023 年 7 月 4 日这一天所有涨停的个股翻出来看一遍，就又得出了一个结论，原来大部分个股的涨停都出现在之前上涨的基础上，只有一只股票是在超跌反弹阶段吃到了涨停。于是我们又能从这个细节当中提炼出一条有助于日后交易的技巧：除非很熟悉股性的变动，否则不要轻易去做超跌反弹，而应尽量做上升通道的个股，并且要想办法如何能一直拿住。

此外，既然先前通过骏创科技得出"放量出轨道 + 收盘创新高"是一个好现象，那么同样在 7 月 4 日出现大涨的聚辰股份（688123），在前一天缩量之后出现了显著放量，这个放量是不是也有意义呢？当然也有意义。尽管这个突破是对下方的突破而不是对新高的突破。

2023 年 7 月 4 日聚辰股份日 K 线实时走势图

于是我们了解到聚辰股份在小格局上是对了，但是在大格局上对不对呢？切换到周 K 线、月 K 线再看。

2023 年 7 月 7 日聚辰股份周 K 线实时走势图
（周线图）

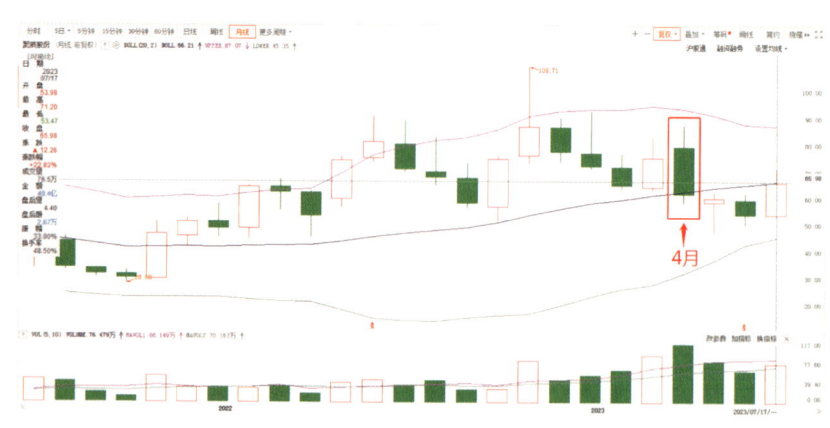

2023 年 7 月 17 日聚辰股份月 K 线实时走势图
（月线图）

显然大格局不值得搞，只要聚辰股份股价涨上去，就会碰到 2023 年 4 月这个套牢密集区，这是明摆着告诉我们这只股票后期不看好，并不值得花大力气。

以上这些，就是如何复盘的简单演示。复盘并不神秘，无非是拿一个因子展开多项比对，比如布林线、EXPMA、量能等等，然后在比对的过程中，又会逐步产生其他有用的关键信息，通过这些信息，我们去看看到底有多少股票的走势满足了原先的猜想。为什么有的做到了，有的没做到？它们之间的区别是什么？特点是什么？我们可以拿复盘过程中被发现的任何一个线索反复横跳，横跳到最后呈现在我们面前的就是一张巨大的信息网。这些信息哪个更重要需要放前面，哪个不太重要可以放后面，其中只要有任何一个点的顺序改变了，就会导致我们接下来要分析的股票对象不一样。当我们通过复盘比对了那么多的考量因子之后，这些后验又会变成下一次我们交易时的先验，等待这些先验的将是又一次修正的过程……由此可见，复盘的工作无穷多，哪是能全部完成的？基于有限的时间和有限的精力，复盘的思路往往是把投资结果中最赔钱的那些标的找出来，看看有没有方法避免；再把最挣钱的那些标的也翻出来，看看有没有办法复制。每天都进行总结和提炼，交易信心就有了，胜率和期望值也会同步不断得到提高。

在复盘的过程中不要放过任何可以被发现的细节。不要问我什么是重要的，什么都重要！所有的细节都应该靠手工复盘而不是百度搜索得来。靠自己人肉复盘记下来的东西，积累到一定程度就会在你的脑子里产生反应，使这些知识结构转化成你的思维方式和操盘思路。等到下次这个线索又出现时，肌肉记忆会即刻浮现，如此反复才能找到那么一点点所谓"规律"。你能积累当下的记忆用在未来的复盘过程中，你就能够到成功。

日拱一卒，功不唐捐。但凡能做到日复盘时间满 3 个小时的，没有一个不挣钱的。如果做股票不挣钱，那就是时间不够，这个定理在我身上也是如此。只要我坚持每天复盘 3 小时，那段时间一定是封神的，如果稍微懈怠一点，那么成功率就会大幅下降。股市就是这样的残忍。我认识的学员当中，每天复盘满 3 个钟头的，最后都变得很厉害。

吾生也有涯，而知也无涯。股市也一样，也讲究一个"天道酬勤"。复盘久了，看得多了，自然就会有所悟、有所得。所有的操作方法首先要统一在复盘认知之下，然后用后验的知识去修正自己先验的经验。时时复盘，日积跬步，方至千里。对于一个普通人来说，想在股市站稳脚跟，没有十几年的历练是根本办不到的。精力、经验、时间——这三样东西都需要你不断付出，且付出越多，越能早日摆脱挨打的局面。

这一篇章以"实战"为核心，以"复盘"做结尾，就是希望各位投资者能沉下心来，通过这些指标和打法，去慢慢扩充自己的信息网。当然，本书涵盖的内容毕竟有限，不可能把所有指标和技术都介绍全面，大部分还得靠投资者自己去学习和积累。若真对技术感兴趣，对于技术方面的书不妨多看。可能你在思维的层级、了解的能力上是不足的，既没有对事实做充分的了解，也没有足够的经验，又没有高阶思维层级，那你能做的最简单的事情就是大量阅读，通过大量阅读刺激你的思考。

　　早在30年前，我也不过是一个"小白"。家附近的新华书店只要上架一本关于股市的书，我就赶紧去看，买不起书就躲在书店里看。你会在那角落里发现很多同道中人，有些甚至在抄书，还有人会主动过来教你。等你会的东西越多，你的选择也越多，当然选择带来的痛苦也会越来越多。有选择的痛苦说明你已经拥有了更大的自由。假如某一次你精心挑选出来的股票就是不愿赏你一口饭吃，那就换一个。毕竟市场里有5000多只股票可供自由选择，还怕找不到一个慷慨赏饭的吗？

释放你的炒股潜力·人人可学的交易智慧

下篇

归真

1
有术无道止于术

老子曰:"有道无术,术尚可求也;有术无道,止于术。"对于"术"的追逐,往往集百家所长,听四海声音,便能习得。但对于"道",还得靠日复一日的修炼。心性若有失觉察,无处安放,必然难将这条炒股修行之路化为坦途。就好比武林争霸,仅凭一份武功秘籍就期冀一步登天绝对是痴心妄想,必须搭配无上的心法修炼,才不至于走火入魔。

股市如江湖,刀光剑影之下各大招数层出不穷。有做龙头的,有打涨停板的,有玩预期兑现的……虽然套路不尽相同,但背后的本质无外乎是资金与资金的较量,人性间的博弈。若不能熟谙人性,套路再深也不过是花拳绣腿。

"道"之所以重要,在于其如同建高楼前打下的牢固地基,任何操盘术都需建立在"道"的基础上衍生与迭代。就好像早年我用技术指标来炒股，同样的工具，同样的套路，为什么别人挣钱了而我没有？反思下来才明白，这源于思维层级不够。由于思维层级没有达到一定的高度，便会导致认知出现错误，继而会对结果产生负面影响。别人之所以成功，是因为他们的思维层级都是从基础开始一层一层加上去的，地基打得稳，就不容易塌。因此，当我们想去复制市场当中的那些成功案例时，会发现，由于思维层级的缺失，在复制的过程当中，我们会卡在一个空中楼阁处。这就需要我们去进一步完善自己，除了在"术"的方面，更有"道"的方面。

唐代高僧神秀所作《偈一》中记："身是菩提树，心如明镜台；时时勤拂拭，勿使惹尘埃。"意思是人心好比一座明亮的台镜，要时刻擦拭，保持内心纯净。而股市有太多嘈杂的噪音，太多剧烈的波动，太多人心的干扰，太多贪婪和欲望的起伏。这里的挑战十倍于尘世，更需我们"事上磨、心上修、尘中炼"。

回首往昔，已过半生。我在股海厮杀了数十年，自然有些悟谙。知道、悟道、得道，是每一个成功者的必经历程。只是知道而不悟道、得道，仍无法向着胜利前行。比如上一篇章虽然介绍了很多技术的运用，但能想象到，大概率会发生这样的情况：投资者常常会在各种理论和各种技术指标中沉迷徘徊，计划了交易，却无法交易自己的计划。跳动的盘面行情牵制交易者的情绪，失控的情绪支配交易者的操作，恐惧、黯然、贪求等等一系列的负面因子，最终让"有术"止于"无术"，呈现在账面上还是以"亏损"告终。于是我想，索性好人做到底，把这几十年沉淀下来的对于炒股术与道都写了吧。下篇名为"归真"，主打的大多是"务虚"，但若能看进去，收获或许比上一篇章还要多。"悟道"不是简单的在"知道"的基础上归纳和总结，而是历经重重磨难，凤凰涅槃，化蝶蜕变之后的心灵升华。至于你能否从中"得道"，还得看个人的修行程度。

人生就是一场关于自我的修行，道和术必须相辅相成。道是内心的境界，如禅；术为外在的修为，如武。向外求术，向内求道，外求发展而内求通透，或许方能通过炒股这件事托举起自己不凡的一生。

2

穷要张狂富要稳

在我看来，弱势群体在生活当中遇到挫折吃点小亏是对的。这和"怂"没有关系，恰恰是一种智慧的表现。在双方实力不对等的条件下，硬刚的后果不是有人受伤，就是有人丢命。鸡蛋碰石头，注定没有好结局，而认怂恰恰能在最大程度上避免麻烦。所以，在生活中，我主张减少不必要的张狂。但在股市当中，我提倡"穷要张狂富要稳"。

之前亚马逊的 CEO 贝佐斯问过巴菲特一个问题："你的投资理念非常简单，为什么大家不直接复制你的做法呢？"巴菲特回复说："因为没有人愿意慢慢地变富。"人性的劣根性注定大部分人都只想要得到即时的满足，尤其在不成熟的 A 股市场，短线的拥护者几乎成为主流。实际上短线和长线两者之间并无优劣之分，到底是以短线投资为主，还是以长线投资为主，主要还是根据投资者的性格和喜好来，如果还要再加一个理由，那就看资金体量。

　　资金体量越小,越要敢于采用相对投机、相对激进的短平快方式。因为小资金的试错成本低,可以给予我们试错的空间。就好比一个刚拿到驾照的人,怎样尽快提高对车辆的感觉?就是多开多总结。投资也是一样的道理,进入股市后就一直死拿一两只股票,错失的不只是时间成本,还有对市场的感悟和了解。为什么我经常会提醒学员,都已经穷成这样了,还在求稳?踏进这个市场就是要展开博弈的,你得随时告诉自己不要怂。尤其拿着小钱进股市,就得做好把这个钱输没了的准备,大不了再多打几年工。虽然辛苦是辛苦了点,毕竟大部分人的钱都是用血汗换来的,但输掉的这几年工钱换来的投资经验说不定会成为你未来财富增长的基石。当然这里面有个前提,就是你能不能做到赔钱涨经验,然后拿经验再换钱。

　　小钱有小钱的打法,小钱追求的是倍数和超额收益。超额收益怎么来的?记住,所有的超额收益一定来自于逆向,所谓的博弈性就是要有逆向思维。当你能够逆反着人性去思考,往往便会迎来在股市当中挣的第一桶金!而当挣得的钱积累越来越多之时,则要开始求稳。这其实和"创业务必胆大,守业则要胆小"是一个道理。创业创的是财富,守业守的是风险。随着收益水平的上升,风险不可避免会增加,这时候的课题就变成了如何让这艘大船在波涛汹涌的海面上行稳致远。毕竟小渔船打翻了还能捞一捞,泰坦尼克号撞上冰山沉了那可就是真

2 穷要张狂富要稳

沉了。

因此我主张的"穷要张狂富要稳"其实有这样一个原则——越是能在现实当中挣到的钱，越是可以在股市当中搏一搏。而存放于股市里的钱越是在现实生活当中挣不来，对于股市的投资则越要稳，甚至我建议还可以拿出一部分投在比股市更安全的地方。

当然还有一点要强调的是，"穷要张狂"不是让你狂到乱加杠杆。很多人上的杠杆、下的重注，其实和去澳门赌桌上玩一圈的性质没有两样。通常这些人口中的"重注"，更应该确切地翻译成这四个字，叫作"孤注一掷"。孤注一掷的后果，就是害了自己，还甚至连累家人，就像郑智化《三十三块》歌曲里头唱的那样。

真正有本事的人，一定不是靠"孤注"挣钱，而是靠不断地"复盘+总结"，不断修正自己的交易系统，这样赔率降了，胜率高了，财自然就来了。

3

百年老店是个梦

在炒股层面我主张"穷要张狂富要稳"。对于绝大部分资金体量较小的投资者,最为合适的交易系统当属短线交易系统,那是否意味着长线投资是个坑?答案当然是否定的。

从证券营业部起家的我,散户室、中户室、大户室都待过,形形色色的人见过不少。大部分人长年累月孜孜不倦地捣腾自己手中的股票,捣腾了半天到最后愣是把自己捣腾成了炮灰。当然也有几个靠长期持有赚了钱的,这其中令我印象最深的是一个中年男人。

之所以对他印象特别深,原因在于他不像别的大叔大婶一样天天到点了就端坐在营业厅里头,满怀信念地盯着电脑屏幕,无比虔诚地敲打着数字键盘,清脆的击打声宛如一个个钢镚儿排着队从这些人的口袋中跳脱出来,滚落到水泥地面上,一路欢快地蹦跳进了主力的口袋。这个人，两三个月才来那么一次。当时他的水平也就刚刚够上中户室的水平，等到一轮牛市来的时候，他已经升级成了大户，靠的就是在这个牛市当中满仓没动过。

我记得当时他做的一只股票叫"长春长铃"，代码600890。在这只股票8块钱的时候，别人跟他说可以看看，于是他便上车了。上车之后一路补仓补到6块钱，接着4块钱……一直补到子弹打完，方停手作罢。随后的日子便是按兵不动，任凭整波牛市当中大盘如何疯涨，即使所有人都在亢奋炒股，他也心如止水，就是不操作。直到某一天指数上了2200点的时候，一下子把这只股票抛了，结果是，此人靠着长春长铃挣了十倍。

之所以能挣上十倍，关键在于他不但把握住了这轮牛市，而且最后顺利抛了。如果他坚持持有到现在会怎样？打开炒股软件把600890输入进去，会发现这只股票的名字叫"退市中房"。

讲这个故事就是为了告诉投资者，做长线当然能挣钱，但前提之一是要学会抛。事实证明，公司的寿命是远远短于个人寿命的。每个企业都有一个梦想，叫"百年老店"。但百年老店仅仅只是他们的一个梦想而已，并非现实。人能活百年，店却没那么容易。

除了要懂得"卖"，通过长线赚钱还得有第二个前提，就是足够分散。

有一个海外基金，具体名称已经记不清了，其主理人投了50只市值最大的蓝筹股，放了几十年，最终获得了上千倍的收益。乍眼一看，长线买入不动简直是获取暴利的杀手锏，确实没有耐心是做不好长线的。但如果问一句：这只基金所投资的这50只蓝筹股最后都成仙成佛了没有？答案是：其中的20家企业早已在半路化为乌有。你说这算是成功吗？明明有接近一半的公司灰飞烟灭。要说不成功吧，收益又是上千倍。所以投资从长期来讲，百年老店少之又少，公司寿命的短暂迫使我们除了及时卖，还要够分散。倘若只对一两只长线股重注豪赌，竹篮子打水一场空会是大概率事件。

搞长线有搞长线的逻辑，但这个过程不是你所能想象的。长线发财的三句话送给大家：长期分散，只买不卖，不要补仓。我见过很多人慢慢变富，依循的要素都逃不出这12个字。只有这样做，长期都是富的，当然前提是选股要够得上一定的水准，至少要有能力保证选到一批真正的好公司。当这些好公司全被筛选出来后，就别再精挑细选了，一旦你想着单押一家去做长线，这里面有30%的可能性是到最后公司没了，你又如何保证万里挑一选出的这家能立于不败之地？

做长线的难度并不亚于做短线。对于普通投资者来说，最实在的交易还是踏踏实实地去搞短线系统。短有短的方法，最直接的无非就是死磕技术。普通投资者在上桌之前，注定已经失去信息优势和先发制人优势，唯有"跟随"还有的做。至于跟着吃肉、喝汤还是嚼树皮，就看手上有没有两三把刷子。比如但凡正儿八经学过技术分析的人，都知道买卖就那么几个点——突破均线的点、突破形态的点、爆量的点、量发生巨大变化的点……过了这些点都不能买。只不过技术分析也存在另一个事实，就是有些东西总结了半天，其实都是"后视镜"。你倒着看很容易，符合这个条件、那个条件，然后加一块就达到了。但真照着去做，却发现有时候做不出来。这其实就是伪科学，事后诸葛亮，事前根本不可能复制。尤其很多历史事件都具有偶然性。但即便如此，也不要觉得技术分析没有用，如果大部分时候你连技术分析的钱都挣不上，那么换成其他就更别指望能挣上钱了。通俗点说，如果身边有一个人觉得学了拳击打不过拳王泰森，但不学拳击就能打过拳王泰森，你会不会认为这人是个傻子？这个逻辑套到股市上，不也是同样的道理——有依据的炒股你都盈利不了，还想通过没有依据的炒股把利润揣进兜里？

4

天下最难"取舍"二字

19年前我曾因为在股市挣不到钱而萌生退意。那年单位组织去江西三清山旅游,当时我在山边看到几位道士,于是驻足停留,把心中的困惑和茫然向一道士和盘托出,盼其能解我心中之惑。道士很懂人情世故,对我说:"你不要改行了,再改行就又变成外行了,要坚持。"于是,我听了那道士的话,一路坚持下来,就为了比一个"长"。

现在放眼望去,这个行业凡有本事能够赚到钱的,早已退隐江湖,连个踪影都不得寻;没有本事的,也都纷纷退出,谋求其他出路;"剩"者为王的我反而活成了"一流"。放在二十年前,如今的这般光景我还真没想到。假如那天没遇见道士,或许这个行业就少了一个叫"薛松"的人。

一切都源于选择,一切都关乎取舍。当我选定一条路,另一条路的风景便与我无关。一个人最好的活法是什么样的？以我自身的经历，可能会回答：好好做自己，不要东张西望。

其实，做股票也是如此。

2023年7月初，有一只股票只用了一周的时间，差不多完成了一个翻倍的涨幅，这只个股是大连热电（600719）。只不过要想吃到7月5日至7月13日这样一个连续一字板的涨停，就必须忍受之前从5月26日到6月20日这样一段超过30%的下跌幅度。

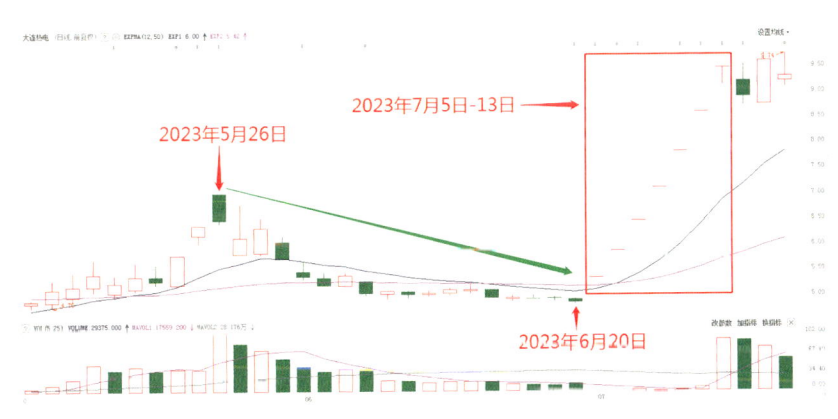

2023年5月至7月大连热电日K线实时走势图

在所有专业技术分析人士眼里，超过30%的跌幅是相当可怕的。假设有人套在5月26日的最高点，基本上当股价回落到6月20日的低点时，通常只剩绝望，因为跌到这个位置意味着股价至少要反弹50%才能迎来解套。可能有很多人都忽略了这一点，并不是股价亏10%再挣10%，就等于打平了。打个比方，

10块钱买一只股票，一次输10%，还剩9块钱；再涨10%，是9块9，永远少一毛，如此反复折腾反复少。所以没有一个交易体系能够挡住像大连热电股价起飞前的这样一种跌势，通常当一只股票的下跌空间触发至20%，我们就会做出止损动作。

再者，对于普通投资者而言，我一直说普通人要做的事情是"线上持股，线下持币"。这里的"线"，指的是EXPMA指标的快线和慢线，这在上一篇章中详细写过。快慢两线都可以用作标尺，只要股价在线下，就应做到"心中有它，手中无它"，因为线下很容易走出阴跌走势。当你选择线下持币，你会觉得6月以来的这半个多月没在这只股票身上耗时间是对的，但是当它再度回到线上的时候，你才猛然反应过来，庄家竟然完全不带任何人下场玩！像这种连续一字板，别说是普通账户根本买不到，就算是花钱买通道的人也不一定能顺利上车，谁要是想买到，5000万资金体量是打底，5000万到8000万才有可能排到，1个亿基本上能达成。

所以关于大连热电这只股票映射出来的后半场还没讲完的故事，叫作"取舍"。要想取到7月5日至13日这样一段爆发走势，需要承担什么，接受什么，已经很清楚了，否则你只好舍掉后面这段大涨。

每一只股票都是要有取舍的，每一种策略亦如此，炒股本质就是一个不断取舍的游戏。拿"涨停策略"来说，天堂地狱本是同一条路。如果每天都能吃到当日涨停的股票，溢价效应使得次日基本都是走红 K 线（见昨日涨停图）；但如果做败了，结局就会变得大相径庭，从 10 万点跌到 1 万点也只不过花了两个月（见昨日触板图）。

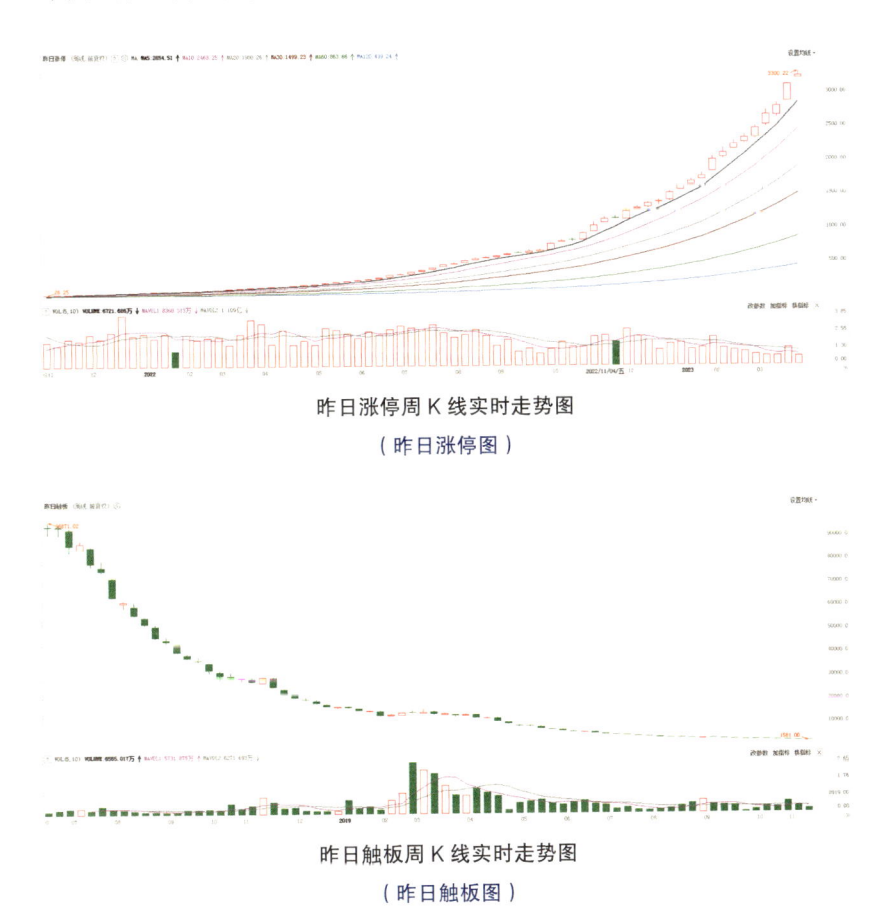

昨日涨停周 K 线实时走势图
（昨日涨停图）

昨日触板周 K 线实时走势图
（昨日触板图）

但凡包含暴富基因的策略，一定隐藏着破产因子。在成与败的巨大沟壑面前，我们需要想明白自己到底期望什么？能付出多少时间匹配多少收益？愿意经历什么和不愿经历什么？不把这些问题想清楚，下手就无从谈起。股市看着每天有高点有低点，好像每天都能从中挣一点，但其实不是这样。机会是两面的，你去抓机会的时候，同时也暴露在风险当中。少抓一点机会就能抓到更确定的机会；什么机会都想抓，就会抓到很多不确定的机会。普通人刚来到市场的时候，一定是想着我要抓很多的机会，但是一个成熟的投资者或者一个老赌徒，他一定会放掉很多机会。

想成为高手，一定要学会放弃。进退取舍中，"舍"是最难的。韭菜之所以一直是韭菜，是因为明明知道很不利，但就是弃不掉。如何才能学会放弃？最简单的做法就是，有多大的牌下多大的注，有多大的牌接多大的注，这就已经跑赢很多人了。市场上明白量力而行的人不多，多数人都会被已经损失的事实所左右——因为我这把输了，所以我必须不能放弃，要不然我之前的钱都白花了。所谓"有舍有得，无舍无得"，你的"不得"，想一想是不是因为所有的一切你都"不舍"？

5

坚守信念，方达远方

所谓"一念天堂，一念地狱"，股市既是成功者的天堂，也是失败者的地狱。人性的贪婪，方向的判定，造就了一个人财富的巨大分野。正是这种分野，刺激一波又一波的投资者前赴后继闯入股海，希冀在浮浮沉沉的浪潮中被顺利推向财富自由的彼岸。只可惜丰满的理想不敌现实的骨感，能成为股市当中的幸运儿实属凤毛麟角，失败者却多如牛毛。

曾经有人问我，炒股失败如何才能免下地狱？我给出两点建议，一是不要有外力因素压迫，二是得有信念。前者很重要，勿借钱炒股，勿杠杆加持，只有全是自己的钱，才能扛住大风大浪。而后者更为关键。信念这东西，就像一盏灯，当你迷失在黑暗中，它会照亮你内心的暗路，冲散此刻绝望的包围。

2022年底，雪球上有个大V因为杠杆买入民生银行H股

（01988）而爆仓。彼时该股市净率为 0.2 倍，每股净资产为 11.5 港元，对应公司股票的合理价格应该是 0.2×11.5=2.3 港元，结果股价最低打到了 2.19 港元。2.3 港元的东西卖你 2.19 港元，有想到过吗？想来这个大 V 是不曾意料到的，于是在数倍杠杆率的强压下，被打得溃不成军。虽然世界首富巴菲特也曾加过杠杆，但他加的杠杆是从保险资金那儿免费借来的，这个叫"无息负债"，即借来的钱不用付利息。但像雪球大 V 这种杠杆，会把人逼入绝境。一旦上了杠杆，注定身不由己。要是没有外力压迫，而是用自己的钱自己扛，坚信 2.19 港元的价格是错误的，股价早晚会回来，或许也不至于落得一个爆仓的悲剧。事实证明，民生银行 H 股最后不但回来了，而且股价还冲到了 3 港元。

2022 年 10 月至 2023 年 2 月民生银行日 K 线实时走势图

当我们有了信念，坚信某个价格存在的价值，就不会有事。巴菲特主张的"价值投资"，绝非一句空话。在真正相信的情况下，一个人是不会在乎股价的波动的，甚至连退市都不在乎。因为不在乎，所以就能免下地狱。若非真正相信，在股价土崩瓦解的过程中，自我怀疑会如影随形，一旦开始怀疑，地狱便会到来。

股价的弹性主要来自于畅想的成分。一个不肯潜下心来做研究的投资者，肯定做不好股票。但是认真研究过之后就一定能做好吗？也未必。人们脑海里想象的东西一定会经历很多的波折最后可能才会实现，但凡小心脏弱一点就会被这些反反复复的波折给甩下车。有些投资者看似很坚定，实则只是由于当前的价格对其的打击还不够彻底。

比起墙头草，可能愣头青更能在股市中挣到钱。股市是通过交易来交换信念的正确性、交换信念的坚定性。信念是看不见摸不着的东西，但同时它又是真实的，唯有拥有它，我们的力量才能提升。有信念和没信念完全不一样，有信念才能打胜仗，没有信念就不行。历史上那么多绝境逢生的例子，都是靠着必胜的信念。当然股市中要有一个正确的信念是不容易的，需要时间去熬。很多时候，伟大是熬出来的。只有经历足够多的起起落落，心里才会安定。换句话说，稳住才能赢，稳不住根本不能赢。

不管多大的逆境，只要有信念在，只要不崩溃，无论过程经历了什么，最后总能到达自己想要去的地方。我就是一个活生生的例子，前半生从一个失败跌进另一个失败，但最后都从坑底爬了出来。这背后的一个巨大推动力是我坚信我能行。这么多年股市那么难，我们灰头土脸，鼻青脸肿，头破血流，是什么让我们坚持下来？就是看到有人还能挣到钱，我们不甘心，我们继续坚持。一个真正自信的人，能从最大的逆境中走出来，就是因为相信自己的能力，相信自己能从沼泽里起飞。

6

睡着的鳄鱼也会咬人

A股市场的主要交易者是散户，70%的成交量都来自散户。最活跃的股票尤其是那些"妖股"，散户供应的量能比例甚至可以达到80%—90%。就像前两年被疯炒的天山股份（000877），在股价翻了6倍达到最高点的时候，有94%的交易是散户在做。只不过这些散户不是利润的分享者，而是高位的接盘侠。

既然散户是这个市场当中的主体，我们主要的研究对象就应该是他们，而非庄家。我一直强调要去猜散户行为，而不是庄家行为，原因无外乎有且只有散户的行为是可以被预判的，而庄家的行为高深莫测，难以预料。在股市里不谈感情，不讲关系，只凭本事吃饭。拥有强者思维的人自然会通过股市这个合理合法的场所去侵蚀那些使用弱者思维的人的利益，而庄家显然属于前者。强者思维通常都很难揣测，这个事实早在我们小时候看《动物世界》之时就该明白——狮子的捕猎路径从来就不预设,而是根据猎物逃跑路径来决定。猎物怎么跑,狮子就会怎么追。讽刺的是,猎物可以决定狮子的捕猎路径,但是不能决定自己的命运。

有些投资者的思维方式非常单线条,总以为只有赚机构的钱才是有得赚。殊不知这个市场里面有着无数个交叉盈利的线条:机构可以挣机构的钱,机构也可以挣散户的钱;散户可以挣机构的钱,散户也可以挣散户的钱。由于工作关系,我认识了很多老股民,这股炒了一辈子不说发家致富吧,至少养家糊口不成问题。曾有一次我和这些人聚在一起吃饭,饭桌上大家彼此尊重,畅聊甚欢,忽然一人说了句实在话:"我这一辈子原本想挣的是庄家的钱,最后我盘了一下,发现实际上挣到的都是散户的钱。"话音刚落,一桌子人全部深有感触,频频点头。

这些老股民的经历,向我们诠释了"只要掏兜掏得好,日子也可以美滋滋。"聪明一点的散户去掏麻木一点的散户的钱,恐惧一点的散户去掏贪婪一点的散户的钱……这可能就是我们作为普通投资者能达到的极限了。至于想着把手伸到庄家那里顺手牵出一个聚宝盆,这种动作一旦做多了,离倾家荡产也就不远了。

要论这个行业当中从业人员的素质,确实参差不齐。那种整天忽悠散户,宣称自己这套战法可以做到预测庄家行为。在我眼里,这实属信口雌黄。如果一只股票真被庄家操纵着,只要散户敢带着实盘往里冲,那么庄家的行为就不会朝着我们预期的方向发展。就好像我们在岸上观察鳄鱼一动不动在水里趴着,会揣测它应该在睡觉。若有旁人在场,也会对这个判断报以肯定,因为它确实没有动。但如果让一个人下水试试,鳄鱼则会立马张开大嘴。我们不要忘了这条鳄鱼是活的,它不是死的。它是在睡觉,可不等于有食物送到它嘴边了,它还继续睡。相反,很大概率它会选择进食。作为业内人士我们都深谙其中的道理,所以有谁见过哪个证券机构是靠忽悠别的机构活着的吗?机构忽悠的对象从来都是散户,而同行为了给散户留面子,告诉你怎么搞庄家,结果就是把散户一批批送到庄家嘴里……

庄家会咬人,散户不会咬人。如果碰到一只被严重操纵的股票,千万不要热衷去猜庄家的行为。既然它是被操纵的,还去碰它,这不就作死吗?唯一正确的做法是不要下场碰它,碰它你就变成了食物。而散户作为股市当中食物链的最底端,这个群体的思维还是比较好猜的。聪明一点的人是可以做到预测散户的行为,并且利用散户的行为来挣钱。就像石头的很多战法都是通过某个指标来替代食物链底端的人的思维,从而做出与食物链底端的人相反的动作。这其中的原理一旦明白,节奏一旦熟悉,你也能成为那一条鳄鱼,那一头狮子。

"实事求是"是发展之路,务实才能回归胜利。从一开始就清楚地知道自己的对手是谁,才能更好地思考手中的牌该怎么打。妄想的代价注定只会让自己成为别人的盘中餐。

7

混沌过后,初心可在

人生的岔路有很多,往往走着走着,就忘了最初为何出发。

我有一个做生意的同学,某天他发现做衬衫生意能挣钱,于是便放弃之前的买卖,转而踏入了衬衫这一领域,开始潜心研究衬衫制作过程中的每一道工序。三年后我们搞了一次同学聚会,他也来了,我们在饭桌上对他展开了一连串的灵魂拷问:"你现在张口闭口都是'衬衫',到底是因为想挣钱,还是想做衬衫?你的兴趣到底是什么?当年你不就是想挣点钱,怎么现在变成一个做衬衫的爱好者了呢?你是不是已经忘记了自己的初心了?"同学被我们这群人问得完全不知该怎么回答。

同样类似的问题我也问过石头。石头总在我面前嚷嚷:"我喜欢做交易,我爱这件事。"我听多了之后,一日实在忍不住问他:"既然你那么热爱交易,如果有个阿拉丁神灯能给你

100 亿，但交换条件是让你这辈子再也不做交易，你干不干？"石头没有回答我。我能获得这 100 亿，肯定会立马合上笔记，关上电脑，背包远足。任何人都不会在任何公开媒体上见到我，能找到我的人只有我的家人。显然，挣钱才是我的目的，股市只是一个手段。

我想石头最初的目的也无非是"赚钱"，若没有对赚钱本身有着强烈的渴望，这小子也不至于日日复盘到深夜。然而现在，最初的目的似乎变得越来越混沌了。很多人像石头那样，会把手段和目的混为一谈。通常我们为了一个目的，需要一些手段，于是我们便开始研究那些手段，研究到最后我们竟把手段当成了目的……生活中这样的案例比比皆是，股市尤甚。

从业 30 年来，我被问得最多的一个问题是：薛老师，您对某某板块怎么看？我常常对此问题置之不理，因为我知道很多人在问出这个问题时，就已经开始缘木求鱼了。如果你的初心是来做差价的，来做量价关系的，你就不要给它们起什么名字：哦，这个叫光伏，那个叫新能源；这个是银行股，那个是军工股、医药股……你既然求的是短期差价，求的是量价之间的套利空间，那么你就老老实实地看一个代码背后的成交数据就行了。你要关心的是它短期的股价弹性，而不是它的主营是什么。它的业绩好还是坏，它的产业周期处在哪个阶段，这些跟你的持有周期没有任何关系。多数股民可以扪心自问一番，炒股那么多年，有哪一次跑去参与了上市公司的股东大会？是否为上市公司的决议投过一次票？如果都没有，就不要管太多不该管的事情。如果说你只是单纯做交易追求弹性，那么遇上一只没有价值的股票反而可能会获得更好的结果，因为业绩越是向好的股票，越会受到价值牵引。高价值的东西其价格逻辑始终围绕它的价值内核，可股价不易发生偏离，也就没了弹性。这样一类操作，做的都不是交易，而是投资。

再比如，总有投资者爱问指数：上证怎么看？50怎么看？科创怎么看？但其中真正做指数的投资者又寥寥无几。很多人起先都专注于研究自己的个股，但对于个股的研究结果时好时坏，偶然一次发现个股的好坏似乎和指数有那么一点关系，于是便把全部精力拿出来放在指数研究上，研究到后来甚至已经忘了出发点是什么。

很多时候，我们在期望种豆得瓜，我们的理想是"既要又要还要"，但所做的事却是南辕北辙。我们分不清到底是真爱指数想通过研究指数挣钱，还是真爱交易想通过交易挣钱？抑或者真爱基本面想通过基本面挣钱？这三个问题对应三个不同答案，其采用的方式方法都存在不小的差异，唯有清楚自己要什么才行。所有的方法都是为了达成你心里所想的那个目的，每走一段路我们都要回头看看，想想自己当初究竟为了什么，这样我们才能活得更加通透一些。

8

风浪越大鱼越贵

《狂飙》里高启强的一句台词"风浪越大鱼越贵"让人印象深刻。

细想来,这个话很有意味。既然风浪越大鱼越贵,那么到底要不要出海捕鱼?凡是了解渔民生活的人都知道,打渔本身就是一个高风险的行业。也正因为如此,靠打渔为生的地方都比较迷信,码头周围总是有很多寺庙。渔民们倒是和股市当中的操盘手有着几分相似的地方,都有着各种各样的迷信。就拿我认识的那些成功的操盘手来说,他们在追求实力的同时,对于运气的追求也不会少,摆在他们办公桌上的很多东西都是不能动的,要是动了,即便关系再铁,没准儿也会翻脸。我算是他们当中最不迷信的那一个,要说最大的迷信就是不喜欢13这个数字,因为我在13这个数字上倒过霉。除此之外,我很少会把和股市不相关的事物同其关联起来。就像有的投资者特别不待见绿色，这其实是一种认知障碍。人们常常愿意相信在自身的掌控之外会有一个力量能将自己交付于它，有些是为了寻得安慰，有些是为了推卸责任。但无论为了什么，存在即合理。

出海打渔也是集实力与运气于一身的一件事。尤其在面对大风大浪之时，幸运的渔民往往能穿过重重危机把鱼带回岸上，而不幸的人出海之后不仅一无所获，甚至船也没了，人也没了。供求关系决定了凡是能满载而归的人，必然会获得有别于平日里的丰厚报酬。而如果你只是任凭风浪起，坚决不出门，虽然富贵求不得，但至少求得了安全。两种选择，无关对错，没有好坏，只看自己适合哪种。

早年我在证券营业厅工作的时候，和同事们都想着要帮客户挣钱，为其指出市场明确的投资方向。不过任何时候我们都不能替客户选，我们能做的只是辅助。"辅助"的意思是，假设有客户想出去打渔，我们会嘱咐他要注意些什么，并且明确提示出去打渔的风险，这样我们就已经算是尽到责任了。如果客户执意要钻进风浪里头，我们除了给他祝福外只好任由他去。在风高浪急之下，顺利回来的人有不少，但也有很多一去不复返的。

所以，"风浪越大鱼越贵"的结果并非总是好的。

有句话叫悲观主义者都活得长远，乐观主义者才能发财。个中利弊，自己权衡。

在我看来，起风之时，最惨的人还真不是整装待发选择出海捕鱼的人，而是那些什么捕鱼装备都没有却死活不听劝非要在外头浪的人，这些人啥也没有就羡慕别人有鱼，然后仗着一身孤胆，划个洗脚盆就冲了出去。大无畏精神一旦过了头，别说是大钱，小钱也跟你没有半毛钱的关系。事实上，对于大部分技艺不精的普通投资者来说，最好的时机往往是在风浪过后第一时间开足马力，扬帆出海，用最快的动作做好一切准备。

9

天不生仲尼，万古如长夜

曾有一日，我受邀前往一处景区游玩。邀请人是我一位老学员，拥有博士学位。我们的车一路疾驶在秀丽的风景中，我坐在副驾驶与之攀谈，虽是学生和老师的关系，但言语间的交流更像是多年未见的老友。人和人之间的关系总是如此微妙，亲疏远近完全靠缘分。缘起之时，一些情感的连接自然而然地就形成了。

他一边开着车，一边跟我说："薛老师，上你的课我记了好几本笔记，记完以后猛然发现你的这些东西其实是不难的，因为你的体系内在都是一致的。这是与市面上其他人的课最不一样的地方"他的这番话，的确说到了点子上，"一致"两字是我一直以来的追求。所谓"一致"，指的是我的这些方法论从来都不是拍脑袋、不是事后解释、不是唬人骗人的把戏，而是都有着标准答案，就像是一本严谨的工具书，每一个操作步骤都可以通过查字典的方式习得。这也是和石头的投研体系最大的不同之处。

之前我有提及过石头的系统大体是混沌的,很难有一个标准的答案。但恰恰由于他鲜有章法,才能常常打出高胜率的对局,这就是为什么我一直认为石头多少有一些天才的特质。我虽有小聪明,但离天才队列尚有些距离,所以循规蹈矩的做法更适合我。为此,我制订了许多可量化的规则。规则不好,我们修订规则;规则大致能用,我们就维持规则,给规则以尊严。"天不生仲尼,万古如长夜",自古幸而有规则,我们才不至于被残酷剥削。对于股市,亦是如此。

面对诡谲多变的市场,很多自信的投资者都依赖自身的判断。虽然我也很自信,但我的想法有别于他人,我不想依赖判断。尽管各位想依赖我的判断,但是我并不想依赖任何判断,因为判断这东西太容易打脸了。比起相信判断本身,相信判断的依据会更靠谱。这些依据,便是规则。规则之下,执行的是铁一般的纪律。

尽管在这行业沉淀 30 年有余,但我在判断行情的过程中,仍时常感觉像是在摸着石头过河,不断地有小节奏里头的处置效应,有小节奏里头的恐慌,有小节奏里头的利好,掺和着各种事件的冲击以及不同投资者的心理反应。当所有的这些杂糅在一起并互相产生作用,总会出现短线背道而驰的时刻。正因如此，我时常强调要"多做观测，少做预测，如有不测，应有对策"。比如当钱滚到一个可能的机会当中去，我们还需设立一个退出机制，这个退出机制和主观无关。假使你带着自身的利益去判断后面的事情，不要指望自己能完全客观。所谓"关心则乱"，只有铁的计划才是可以执行的，唯有定"硬"的东西，才能把握收益。好比价格上或者时间上，一旦到了便要果断退出。特别是在时间方面，假设我们在一只个股身上耗了 100 天也不涨，然而它在 101 天拉升了你却已下车，这时候你也要认。你肯吃这个亏，你就不会吃大亏，因为谁也说不准这只股票会不会和你耗上 1000 天也拉不起来。只有把时间节约下来，你才能把钱放到其他更有效的地方去。

所以炒股的正确顺序是先制订计划，再进行交易。这就是我们常说的那句话——计划你的交易，交易你的计划。不管是在有利的情况下，还是无利的情况下，你都必须按照先前制订的那些规则来做。如果是按照月计划执行的，你就要按照月的尺度来看；如果是按照季度计划执行的，你就要按照季度的尺度来看。买大买小，买定离手，你不要因为后面一天的波动破坏了整个长期的计划。投资必须要做的事情是如何制订计划，然后执行计划，而不是制订计划之后不停地修改计划。你今天下注的依据是什么？明天是不是还是这个依据？后天是不是仍是这个依据？再后天是不是继续这个依据？如果四天下注，四种解释，那就完了，就变成一个解释派的选手了。成天倒戈没有用，墙头草一定会被市场折磨到怀疑人生——情况变了，情况又变了，每天都有新情况发生，这计划还执不执行了？股市永远都有不可预期的新因素产生，不是只有你会遇到，所有人都会遇到，这里头的关键不是策略定得有多高明，遵不遵循才是关键。定力一旦失去，一切如梦幻泡影。

策略没有优劣，真正的"劣"是没有计划，或者有计划不执行，只顾随性交易，没有一致性。但凡不是乱来的东西，都是可追踪的，既然可追踪，便能进行修正。成熟的投资者一定会每年把自己关起来，复盘自己的交易。初心出问题，我们修正初心；执行出问题，我们修正执行。倘若缺乏一致性，又怎能找出问题修正行为？人可以糊弄自己，但糊弄不了自己的股票账户，糊弄到最后就会变得没办法做，直至账户沉沦于某种寂暗，永失色彩。

10

建立概率思维

股市没有100%的正确，如果要让我说一件100%确定的事，那一定是长期看多A股。我打赌A股的市值会一直增长，但到底是靠新股发出来的，还是单纯靠股价涨上去的，就不得而知了。唯一可以肯定的事是，A股一定会吸收流动性。这句话看似是正确的废话，说与不说其实没多大意义。通常人们嘴里的真话都是废话。如果不是废话，那可能就是假话。哪种算是假话？比如那些口无遮拦、好为人师的人，跟你说某某股票明天会起飞、大涨之类……

股市犹如薛定谔的猫，在第二天行情未走出来之前，永远无法完全确定以及肯定明天是涨或是跌。从业三十年来，我常常被人问及："薛老师，你看这只股票靠谱吗？"很多人想问的"靠谱"，其实就约等于"确定"。真正的"靠谱"是什么呢？多去打打德州扑克，就能知道什么叫"靠谱"了。拿德扑来说，有玩家做了一个统计，发现赢钱最多的牌是 AA，然后是 KK，再然后可能是 AK，其次 JJ 这些。于是就有人问了："我能不能只打 AA？"

首先这个策略是对的。德扑有盲注，如果没有盲注会发生什么事情？那就变成了无成本博弈。什么是无成本博弈？就是说我要必赢，我要打一手最能赢钱的牌，这一手牌必然就是 AA。然后你会发现一个事实：坏了，打着打着，怎么连打 KK 的人都没有？没有人想去玩更小的牌了，大家都在蹲守最大的牌，一旦等你中了最大的牌的时候，便会发现没有人愿意跟你打，除非对方也是 AA。就是为了解决这个问题，才有了盲注。所以在初级池子里打的话，如果你的下注偏离盲注，你可以有一个策略，只打 AA、KK 这些，我保证你能挣钱，然而这种玩法玩不长久。我就认识这么一个人，几乎每次都是这样操作，使得大家都忍不住要嘲讽他，但凡轮到他下注，大家就把手里的牌全部弃掉，这个游戏就没法玩了。

长久的把把赢是不存在的。孙子云："未料胜，先料败。"不论怎么作战，首先要考虑的不是战胜后的事，而是遇到不利因素以后该如何处理。炒股也是如此。先想着进去的这个钱是准备输的，结果就会好很多。若是抱着必赢的心态下注，不是嫌自己买贵了，就是嫌股价涨少了，势必会痛苦地进去，痛苦地出来。有些策略你知道打出去是要输的，尽量让自己输得少，就算是靠谱了。策略往往是一整套的，你无法把它拆开。

在德扑界，有阵子我们公认打得最好的一个玩家名叫"行走的GTO"，他是一个帅哥，不仅线下打得好，比赛也打得好。尽管他在小盲位置也打成了负收益，但他的负收益是所有人当中最少的。由此可见，选择打AA不是智慧，真正的智慧是明白何为"靠谱"，即你得接受你的策略当中有一部分的赔钱是不可避免的。

实际上打德扑的人都知道，AA只有80%的赢面，AA被爆很正常。德扑是一个非常接近于下注游戏的东西，想要把股票做好，首先要有德扑思维。如果没有打过德扑，会比较难理解我所说的靠谱与否究竟指什么。所有股市当中我们讲的策略，其实都是建立在概率思维基础上。概率思维怎么形成？你去打2万手、3万手的牌，自然就有了，回过来你才会真正明白什么是靠谱。德州扑克可以教给你的东西比整个华尔街还多——这句话不是我说的，而是投资大师彼得·林奇说的。所以我建议各位炒股之前，可以先玩一玩德扑。

撇开真正的价值投资不说，炒股都是下注，再怎么分析，天都有不测风云。很多人以为，只要分析得够多，就一定能对。但我想说，只要活得够长，必然会错。一个人越相信自己肯定能对，就越是会把错误犯到不可饶恕。相反，倘若明白自己的下注可能会错，那么这些犯的错都是可以被接受的。怎么能够避免犯不可饶恕的错误？答案是你要认识到这里头没有什么确定性。

我向大家推荐《乌合之众》这本书。这本书里有一个观点是人需要别人来为自己担保，需要别人来给自己确定。理性来讲，这个世界是不确定的，正因为我们害怕不确定，于是追求确定。然而没有人能够追求这个确定，所以就外化出来一个人，或是神，只要能说出"我保证"三个字，他就会得到支持和信任，就会有人愿意把一切都交付到这个人身上，但是一旦证伪，大家又会把这个人活活吃掉。这种心理本质上是懦弱的。

人在面对概率、面对不确定性的时候，往往会非黑即白。一种叫"不见兔子不撒鹰"，另一种叫"孤注一掷"这两种都是错误的行为模式，也是常人多会陷入的行为模式。如果你做的时候遇上好运，真的是封神；运气不好，直接挂掉。我们千万不要丢掉总体大概率上的一些东西，如果已经是整体被证明了的，我们一定要保持住，但在细节上，我们要清楚有小概率事件的发生，没有100%的正确。但这会影响我们在股市赚钱吗？很多年前我说过我的梦想是定义每一个点，事实上直到现在我还有很多点定义不了，但是弱水三千只取一瓢饮，要想在这个证券市场里头挣点钱还没那么难，只有想挣很多钱才是真的难。一个人要想赚大钱，秘诀就是得要有对金钱的强烈渴望。有了这层渴望，所有的苦都不是苦。但如果只是想在股市里挣钱，建立概率思维就能帮到你。这其实从另一方面也告诉我们，思维方式、认知方式乃至哲学方面是非常有必要去学习的。早年我刚开始炒股的时候，最不愿意听的、学的就是这些看上去虚无缥缈的东西。最早我能看进去且记得住，甚至能够让我夜不能寐的，都是"有什么方法能够去捕捉股价的波动？""什么是挣钱的有效策略？""曾经很管用的策略是什么？"等诸如此类的东西，只有这些能对我产生激励。然而，事实告诉我，最重要的不是当年激励我的这些方法、策略，而是那么多年怎么才能不犯大错的这一认知，这就确实需要我们建立起概率思维。我怀念那个贪玩德扑的青葱岁月，却也更喜欢从扑克中变得更为成熟的现在。人总会成长为更好的自己，每个阶段有每个阶段的美好。建立起概率思维，或许会让你的投资人生变得更美好一些。

11
告别楚门的世界

这个世界是虚幻的吗？我时常想，也许我们目光所及之处皆为虚妄，而夜夜经历的梦魇或许才是真实世界。《楚门的世界》里主人公楚门·伯班克在一个虚假的世界中生活了一辈子，身边的亲人、朋友全都是演员，但他本人对此一无所知。全世界都在注视着他的一举一动，而他也渐渐开始对一成不变的生活感到疑惑，等到楚门发现真相后，最终不惜一切代价走出了这个虚拟的世界。

股市中，也有不少人扮演着"楚门"的角色。与影片中的主角不同的是，他们从来不愿面对真实的世界，而是安于自己的想象。在面对一只个股时，通常只是单方面感觉它会涨，便会毫不犹豫地出手拿下，一旦拿下之后股价不涨，甚至亏了，脑海里立马就会勾勒出一个面目狰狞的轮廓，并会给这个轮廓冠以一个不好听的名字，叫作"邪恶的庄家"。于是一部自我创作的《楚门的世界》,不,应该叫《庄家手撕散户》的电影便在自己的脑海中火速开映了。

  人们之所以认定市场里头有这么一个庄家存在,原因在于能让自己心安理得地相信——我们输钱了,全源于我们的善良。假如不做这样的假设,否定坏人的存在,那么面对自己输掉的钱,我们除了承认自己无能之外,找不到其他合理的理由。没有人愿意承认自己无能,自私的人类总是热衷并擅长创造一个反面角色来替我们承担由于自身的无能而造成的所有过失。久而久之,我们便会习惯沉溺于掩耳盗铃带来的美好虚幻中,逐渐丧失直面惨淡现实的能力。然而,不管如何自欺欺人,现实总会透过虚晃的罩子从四面八方渗透进来,然后在你脸上狠狠甩下一巴掌,让你清醒地认识到残酷的事实全是咎由自取。做梦做得多了,失望抵达的速度会越来越快。

  在我看来,罔顾客观存在的事实转而去预设"无能"和"善良"的立场,是一种思维上的错误。从行为金融学上来说,其背后有个专有名词叫作"选择性听取",这在炒股过程中是个大忌。股市由各种信息交织而成,我们每天所看到的信息,并不是这个世界的全部,而是经由他人筛选提炼之后呈现在我们面前的,因而股市不是100%的真实,它只是约等于客观。在一个约等于客观的世界中,倘若还要选择性听取,试问能触摸到的真实成份又有多少?"以偏概全"的错误,我们总是一而再再而三地去犯,比如"炒低估"就是一个较为典型的例子。

整个 2023 年，在加息周期进入尾声阶段，我主打的策略就是寻找各种被低估的品种，买进之后等风来。事实证明这个策略是正确且有效的。但很多投资者此前也用同样的策略却匹配不到一个好的投资结果，原因就在于他只看到了"低"，而忽视了其他事实。当你处在一个经济下行周期、全球加息浪潮不断的阶段，有个人跟你说：这些股票便宜得不能再便宜了。此时，你应该反问他：现在处于哪个经济周期？上一次估值那么低是在何时？当时的经济环境如何？整个世界经济是增长还是衰退？对应的货币环境又是如何？如果在一连串灵魂拷问之后，对方对于这些问题的答案不置可否，那么这个人非蠢即坏。实际上，多数普通股民即便想坏也没有坏的资格，最多只是蠢而已，他们甚至不知道在一个资产价格下行、美元加息的周期当中，资产定价被低估甚至是极度低估都是合理且正常的行为。如果你买到的只是一个正常的低估价格，你靠什么挣钱？套利空间往往躲藏在不正常的现象背后，栖身于信息错位匹配的缝隙里，如果你看不到这些事实，注定和赚钱无缘。

再比如我一直强调资金的流入流出只是他人的定义，而非事实，然而很多人却总喜欢把他人设计好的东西当成真相，但凡看到资金趋势指标呈绿柱状态，跑得比谁都快。可是你要知道，2015 年上证指数攻上 5000 点的那一波大牛，肉眼所见主力几乎天天都在流出……

2015年上半年上证指数日K线实时走势图

　　单就数据而言，流入当然比流出好，且资金大幅流入很多时候是和上涨同步的，反之则对应着下跌。但这符合的仅仅是部分事实，远远够不上"全部"两字。一旦你习惯于沉浸在"楚门的世界"，被他人的定义所定义，总是先自我预设立场，再寻找立场站住的理由，即便梦里得到很多，醒来终究一场空。从完整的事实出发，不要在别人设定好的圈套里面钻来钻去，是所有投资者终其一生不断要去加强学习的一门功课。

12

懒惰是罪，勤劳永对

一个聪明而懒惰的人可以当将军，一个聪明而勤劳的人可以当参谋，一个没有那么聪明又懒惰的人可以当士兵，因为有军纪约束他。这三种人其实都很好，最怕的是第四种人——既不是很聪明，却又特别勤劳，那简直糟糕极了，你永远不知道他的孜孜不倦会整出哪些幺蛾子来，尤其在交易这件事上。

几乎所有人都有过这样的经历，很多时候其实不是没卖在高点附近，而是最后一看高点在12块，自己在11块的地方卖了，结果股价来到12块2的时候就会觉得自己错了，于是心有不甘地再把股票给买回来，最后等于没卖。明明最开始的操作接近完美，偏偏由于太过勤劳，反而把成本套在一个大顶上，各位扪心自问有没有这样的动作？

事实证明，交易其实是很贵的一件事情。任何一种操作都会增加成本，而在能力不够的情况下，往往只会增加成本，无缘收益。这当中的逻辑在于，你想追寻细节的行为大多是因为你的不安全感，然而那条路是走不通的，就算再细节也不能有100%的确定。另一方面，当你过于追求细节的时候，某些因子只在某些时候出现，你不可能完全知道哪些因子在哪些时候有效，因子的有效性也跟环境有关。所以对于不会操作的人来讲，所有的操作都可能会以灾难收场。但凡投了，损失了，舍不下了，小损失会变大损失，最后变成一辈子的损失。因此我始终秉持着这样一个比较另类的想法：勤劳不一定就是好事，尤其在交易这件事上。

对于多数人来说，"看盘面"这三个字会害了你，因为你根本看不清盘面。看分时走势除了刺激你体内各种激素不规则地分泌，最后搞到内分泌失调以外，对你没有任何帮助。早年我还没进入机构的时候，一年只做两三波，而且只有套在低位和拿着挣钱这两种状态，连续多年都没有平过一张亏损的单子。自打我进了机构以后，开始看分时，令我大跌眼镜，因为一天至少要结两次盘，中午结一次，收盘结一次，还不算其他的时间段有人来问。幸好我是一个聪明的人，既没有勤劳过头，也不至于懒惰到离谱，稍加频繁的操作对我来说似乎也没多大坏处，反倒是通过每一次的操作总结下来的经验，缩短了走向成功的时间。只不过多数人在炒股方面资质平平，悟性并未超于常人，如果一直把有限的精力花在错的人、错的事上面，只会让自己成为一个勤劳的傻子。

方向错了，每多走一步都是挨打的理由，每多一次努力都是徒劳的表演。盯着一个不会给你任何挣钱迹象的东西反复研究、操作，无异于慢性自杀。辛苦赚来的钱输不起，有限的宝贵时间更加输不起。

既然"输不起"是事实，那么我们每一次交易前都要牢记一句话：多数的操作不是为了增加收益，而是为了降低压力，降低我们在操盘过程中的心理压力。若非如此，你的交易大概率会和交易产生的最终结果背道而驰。好比你现在打开自己曾经买过的股票，发现高高在上盘踞着的有很多。想一想，为什么你到达不了远方？因为很多事情你不知道会经历什么，所以你坚持不下来。坚持下来的人定会获得恭喜和认可，但只有自己知道太难了，当中太多的折磨。我们在此之中通过一些动作去抵抗未知，如果能做出差价自然高兴，做不出也还好，至少可以平复下情绪，舒缓些压力，怕就怕每做一次动作伴随血压迅猛飙升，心电图比股价走势还起伏剧烈，说不定还没等来股价开始蹦迪，自己先被送进ICU，与其这样还不如偷懒一下，兴许能体会到决胜巅峰的快意。

对于一个初学者，学会偷懒好过日日勤劳。适当降低操纵频次，反倒不至于被锤得体无完肤。这让我想到了一个人——我的一个老学员、老粉丝、老朋友，彼此认识有10余年，他的做法很值得大家借鉴，即一旦定好了一个方向，三天之内绝不反向。换句话说，只要看多，三天之内他一定坚持，反过来看空也是如此，选择卖出，三天里头就不再翻出来看。我觉得这真是一个很好的习惯——通过至少三天的消耗来验证自己的交易正确与否。最忌一个动作产生之后，投资者马上用盘面来审视这个动作对不对，这样只会造成干扰。正所谓"不识庐山真面目，只缘身在此山中。"因为你刚刚脱离的那个点，通常不会是短期的高点。只要你不卖在短期最高点上，那么后面的波动都会让你产生自我怀疑。所以给自己一个窗口期，让自己从当下的环境中跳脱出来重新思考，卖完以后不要轻易再买，买完以后不要轻易再卖，三天的时间基本上能验证你这个动作对与否。三天一过，如果发现对了，那很好；如果发现踏空了，啥都不想先跟上再说。这个办法不仅可以省去不必要的交易频次，而且还能帮助你克服人性的患得患失。

类似的时间观测期在技术分析里面其实也有，比如说最简单的金叉死叉出现以后，或者哪个点跌破突破以后，你会看到有的技术分析书里面写着"跌破2天""突破3天"或者"跌破多少幅度"等等，之所以定下这些计量单位，就是为了防止杂波对你产生干扰。

过分懒惰是一种极端的不负责任，会对他人产生负担；过分勤劳则是一种病态，会对自己形成新的枷锁。若是能拿对工具，勤劳一些倒也无妨；不会拿工具，或者拿不对工具的投资者，表现出的勤劳犹如黑洞，终将吞噬掉你的人与钱。

13

放手才是幸福

　　作为股评界的中年大叔，总有年轻人愿意和我聊聊感情的事。我一个朋友的女儿曾向我吐槽，说她爸爸总是阻挠她和男朋友交往，颇有棒打鸳鸯之势，问我如何是好？我跟她说，你爸爸是为了你好，如果你现在 18 岁，愿不愿意追这个男生？愿不愿意这辈子跟他在一起？当然，奉子成婚是另一种情况。

　　我之所以跟她说 18 岁，是因为那时人生刚刚开始，回到那个时候所做出的选择叫作"初心"。如果初心是这样，那就去爱。有很多人一辈子不分开的原因，不是因为初心，而是因为成本，分开是有成本的。如果不考虑成本重新再选还是同样的选择，那就遵从自己内心。最忌讳问出这样的问题：唉，我已经被他忽悠了那么长时间，现在孩子都怀上了，我要不要就此嫁给他？但凡这样问就已经错了。我们做事不能因为前面不对，所以后面就无所谓，"破罐破摔"了。

看似我在讲男女之间的关系，实则在说补仓这件事。

一直以来补仓与否是所有投资者的心结，尤其看到账户亏了之后，这种想法更强烈。之前有人问我光伏大跌怎么办？要不要补仓？我跟对方说："不要动。"对方不罢休，继续追着问："你给个专业的意见。"我重复了一遍："不要动。"对方仍不罢休："你给我参考一下。"我实在忍不住反问他："如果你没有，会不会想买？你是因为有了光伏被套住了所以想买，还是因为没被套住只是单纯想买？"

类似的问题，我之前的一个领导也这样问过我——如果你没有，会不会想买？其实很多人问出来的补仓问题都经不起逻辑的推敲，甚至还有一些荒唐，只不过自己并未意识到。但如果我把这些补仓的问题比喻成男女之间的问题，比如："这个渣男不仅骗了我，还让我有了孩子并且想让我打掉，但是我舍不得打掉啊，把这孩子打掉之后我还怎么做人呐。不行，我得嫁给他，你给个意见？"是不是瞬间觉得能问出如此问题的人，已经无药可救了。

所以我们考虑一只股票要不要补仓，很重要的一点是不要让自己掉入这种愚蠢的思维模式中。把过去的行为扔掉，把过去的成本扔掉，把过去的所有想法扔掉，然后再问自己一遍，还想不想买它？很多人选择补仓仅仅只是因为我有成本，我已经付出了很多，我还要再付出，如果不继续付出，那我之前付出的所有不是白付出了吗？

可是，真正厉害的人，往往能说走就走，说断就断，说放下就放下。

当然我这不是在劝人分手，只是指股票补仓的事情。两年前我跟大家说的一个口号就是——不要补仓。做好一个买入持有系统，要好过一个买入补仓系统，因为人本能倾向于我不犯错。补仓是什么？补仓是执着。补仓的潜意识是"我没错"，这种认知方式本身就是危险的。而当认知是危险的时候，就一定会犯错。真经历了错的过程，都有不甘心，不甘心就容易上头，一上头就容易在冲动之下嫁给渣男，往后余生便会错上加错。

在不甘心的情况下是不会做出什么正确决策的，因此你务必要让自己退出来。退出来才不至于把一个错误变成一辈子的错误，你还可以去抓下一个机会。人经常要有归零的心态，尤其在炒股的过程中，当你乱的时候就退出来，从零开始，手上拿着全部现金重新再选一次，千万不要因为过去的盈利或者损失影响此时的心态。我之前讲过，要想打出一副好牌，最大的窍门是让对方心态崩坏，千万不要落入他最擅长的那一手里跟他打。当对方始终坚守着自己策略的时候，他就形成了自己的领域。在自己的领域当中，每个人都有最拿得出的那一手。攻破的办法就是想办法摧毁他那一手，一旦最擅长的东西被破坏了，他的心态也会随之发生变化，这种时候才有可能偏离甚至丧失自己的理性策略，此时我们乘虚而入便有了赢面的可能。那如果输了怎么办？输了，站起来离开桌子，没有人会怪你，至少你知道了自己不适合今天这场牌局。最忌一开始你是赢的，后来输了，于是你不甘心想要继续赢，甚至赢更多，非得把今天失去的全都捞回来，这种时候往往都会闯祸，一旦心态搞坏了，这牌就没法打。

很多人对某一只或某些股票特别执着，执着必然产生焦虑。如果焦虑了，要记得放下；放不下，就把仓平了，要不然身心健康都会出现问题。现在注册制改革的大闸已经开启，换一家上市公司不行吗？换一个行业投资不行吗？你心里所执着的它真的是天下唯一解吗？当然不是。

千万不要对板块有过深的执念，不要对个股有过深的执念，不要对不合理的预期有过深的执念，不要对补仓有过深的执念，不要对指标有过深的执念，不要对形态有过深的执念，不要对数据有过深的执念，不要对结果有过深的执念……你要记得随时归零。买错一只股票，及时退出来，然后把它忘记。忘记了，格局就打开了，整个世界都是你的；执着了，就永远活在过去的错误当中，不断地用过去的错误惩罚自己。市场里头哪有亏了钱没办法跑的道理，你又何必将自己禁锢在这样一个不合理的条条框框中？人们总说"浪子回头金不换"，但现实中也有不回头的浪子，也有回不了头的股票。你的股票回不了头了，你的人生就黯淡了，陨落了，并不是。

忘掉自己曾买过的一只错股，你就自由了，还有 5000 个选择。假如所有的错付你非要讨个"为什么"，或者你觉得遭受的所有损失是不公平的，觉得这个世界欠你一个答案……千万不要这样想，这样只会让你越套越深，只会让你不断重复痛苦。天下哪有那么多道理，所有道理到最后只能用一个"缘"字来解释。缘来则有，缘去则无。如果它是你的缘分，无论孽缘也好，善缘也罢，落在你头上跑也跑不掉。不要因为缘分散了而难受，也不要因为缘分来了而不敢享受。来了你就接，散了就散了，你能做的只有这八个字"唯心感召，随缘喜乐"，这样你会发现烦恼少了很多。看到让你难受的，离开就好，不要放大它。一次亏吃得起，越能吃得起亏，越不会吃大亏。我们的目标是越做越放手，放手才是幸福。

14

中年戒比，心静则安

1972 年的我，如今已年过五十，明白了一件很重要的事情，就是中年戒比。很多人不幸福的根源就落在一个"比"字上。

生活中，越是关系亲近的人，往往越不能接受对方比自己过得好。真正希望你过得好的人，在这个世界上怕是只有父母。股市也同样充斥着"比"字的诅咒，使得原本很多能让人赚钱的方式渐渐变得不赚钱了。因为在"比"字的操控下，人的脑子里蹦出的念头只会是：

"不行，这个不如连板，我不能做。"

"不行，这个节奏太慢，我等不来，我得换一种追高策略。"

"不行，别人都在做热门，我不能守株待兔，必须主动出击。"

……

一系列的"不行"捆绑着投资者的行为，到最后所有的赚钱方式都不屑于去做，只做一个方式——我要发财。"我要发财"这种模式的成功率高不高？显然不高。倘若把主要的金钱和精力都放在"我要发财"这件事上，最后就会远离"我要富裕"这个结局。

事实上，对于普通投资者而言，股市能发挥的作用充其量只限于"理财"，而非"发财"。之所以脑海中会有"一夜暴富"的妄念，只因我们看到了少数人的成功，在诱惑之下，人性中的贪念肆意生长。

我见过很多深受股市诱惑的投资者，印象最深的是早年在证券营业部工作的时候，在某个熊市阶段，大家都懒洋洋地瘫坐在椅子上，唯独有一个人戏份很多，表情随着走势发生着剧烈的变化，每每感到不如意之时便会一边叹着气一边反复用手拍打着自己的大腿，好像错过了无数个发财致富的瞬间。

这个人从早上开盘一直待到下午四、五点钟，然后起身去上班了。他的职位是证券公司的班车司机，早上把人拉来开启一天的工作，晚上再把人送回去，中间便是属于自己的摸鱼时段，喝着茶，看着股票，聊着天。你还别说，这位班车司机的消息还挺多，甚至有几次他告诉我的消息全是靠谱的。特别是在股市有大动向的时候，他跟我说："小薛，股市要好起来了啊！"类似这种节点往往真的很准，让我不止一次怀疑他开的那个班车上有证券公司的大领导。现在回想这段经历和这个人，依然觉得挺有意思。

这个人有一个特点，他没有自选股，只看涨幅榜，因此每天都像打了鸡血一般。在我眼里，他虽然每天经受着涨幅榜的诱惑，但好像很快乐，一点也不痛苦。不痛苦的原因在于他内心会觉得自己离发财很近，而很多人痛苦的原因在于看似离发财很近却迟迟求而未得。心性被扰乱之下，就很难得其正解。因此，股评届曾有一位大V说过这样一句话："守股比守寡还难。"这个"难"，按我的理解，难在不可遏制的欲望和对未来的恐惧。

人永远不满足于已经拥有的东西。比如说在股市里挣不到钱，会感觉很难受。忽然有一天你学会了一种方法，开始挣钱了，却又不满足于一年只挣10%，会想着能不能挣上20%、30%……之后想着能不能每个月都挣到钱，然后每个礼拜，最后变成每一天。人的贪心哪是能填得满的？然而，股市里看空的人能挣钱，看多的人也能挣钱，唯有那些贪心鬼不挣钱。每一波的幅度，对于贪心的人来说都不愿意兑现，即便买对了，也卖不掉；就算卖对了，也买不回来。为何害怕踏空者往往会被套？就是因为手里想抓的东西太多，以至于到最后什么都抓不住。之所以会害怕踏空，只因静不下心。他离开了我，过得比我好，那就是我的失败——总是这样想问题，得失心太重。既然你和他共同幸福过，放他走也是因为达到了你的预期，那么他离开以后过得更好，你也没必要难受，毕竟你已经得到了一部分的幸福，他给你留下的钱财还可以可以助力你找更好的。因此，股价涨就让它涨，你的安全感并不来自于这只股票，不是非要把它整个波段都做完，而是来自于你有没有能力找到更好的、有潜力的。你要做的事情是把过去正确的动作不断重复，而不是总想着分开之后他竟然过得比我好。虽然人人都有私心，人人都希望你过得好但是不要比我好，但你仔细想想这不过就是个心态问题。

其实，最高的炒股技术是读人，次之为读盘。所有我们讲的技术、指标、方法这些，都是用来读盘的。当我们会读人了，根本不用读盘。可是几乎所有普通投资者连自己的心性都控制不好，又怎能猜到别人的心思？正因为读不准人，只好退而求其次来读盘。

人不能没有欲望，但不能被欲望左右。欲望需要理性控制、时常管理。在交易股票的时候，管控住自己的贪念，懂得如何匹配风险和收益之间的关系，显得尤为重要。每个人都有适合自己的手法，比如一个不想承担大波动的投资者，就应该多采用低位策略来操作。我入股市的前十年是知名低吸派，不吸到最低点就不舒服，只要这只股票在箱体内，低吸的点一抓一个准，但是只要股价一出箱体，我的胜率就不行了。后来发现像我这样喜欢高抛低吸的投资者虽然能在股市中生存很长时间，但基本等于白玩，因为牛股都是一骑绝尘永不回头，所以我为了说服自己追高，花了整整 10 年。当各种手法都尝试了一遍之后，我发现能和自己的心性完美契合的，还是最初的那个低位策略。于是整个 2023 年，我都主打一个"低"字。低位策略不同于石头的追高、打板策略，爆发往往不在于一时，更多需要耐心等候。每每我与石头交流，石头告诉我今天又吃到多少板了，我也不羡慕，因为事实证明低位策略爆发后所获得的收益，丝毫不逊于石头那些成绩。

只要不贪心，有些陷阱就不会踩到。做空高位股而快速爆仓的人大有人在，同样做多低位股而迅猛爆仓的人也不在少数。不想爆仓的方法是有的，那就是有的钱我不挣，有些风险就自然避开了。频繁踩坑很多时候都是源于自己心里的那个预期是错的，心里藏着的那个贪念一直在。既要又要还要，哪能事事都如愿？

投资心态到底由什么来决定？当然不是靠心灵鸡汤，而是主要取决于是否真正理解这个世界的本质。世界的本质是因为不平衡才有了平衡，因为不公平才有了公平，因为不平等才有了平等。社会不可能完美，因为社会是由所有不完美的人组成在一起的。你看别人的人生好似完美，实则那些残缺的碎片都藏在了背面，就像那些已然在股市闯出一条路来的成功者，手里多的是你看不到的亏损交割单。

你在桥上看风景，看风景的人在楼上看你。既然彼此都是他人眼中的风景，又何必急于放弃自己的一亩三分田转而追寻他人的脚步？太聚焦于比较，困于贪念牢笼，往往就忘了幸福本来的滋味。事缓则圆，语迟则全，心静则安。安于自己的投资手法，安于自己的盈利结果，安于自己的时间周期，终究会有花开那一日。

15
换到对面椅子上去想问题

智慧往往都藏在我们触及不到的角落里头。

很多人看到市场跌了,就不停地骂空头,浑然不知真正的威胁是多头。空头手上连一股都没有,能拿什么威胁?倒是手里尚且握着股票的人,才会去砸盘,毕竟买股票的最终目的都是为了卖出兑现,而非一直持有。当然我也见过死拿股票永不卖出的投资者,通常这些人都是因为对账户太过绝望而无法直视,并非像巴菲特老爷子那样信奉价值投资而岿然不动。

很多时候,我们真正需要担心的是看似同在一个阵营的人最后捅你一刀。你以为是自己人,实则都是你的对手。就好像你以为在一个办公室的同事全是自己人,结果都是你的对手,你最好的朋友可能是你的老板……换个思路仔细想想,是不是有点道理?

15　换到对面椅子上去想问题

我们思考问题时常需要把屁股搬到对面的椅子上反着想，这样就能通透很多。当你被"市场先生"捅成重伤的时候，想一想伤害你的到底是什么？是一个事实，还是你的对立面？你为什么会有对立面？到底是你正确还是你的对立面正确？

比如减持这件事，当你发现很多人都在减持套现，你很生气，那么你生气的原因究竟是因为别人都在卖，还是因为自己买贵了？伤害你的到底是客观事实本身，还是主观的自我感受？又比如增持这件事，看似是利好，但这个增持的举动到底是不是出自真心——是真心觉得股价太便宜所以回购，还是因为股价跌了需要做个样子维护自身形象？这两种情况，都需要投资者自己去判断。

我教技术指标时用的是什么时间周期，有些人自己实践时也用相同的时间周期；我当时用的是什么参数，他们自己用时直接复制，全然不会因地制宜、因时制宜地去调整周期、调整参数。僵化而又机械地操作，是炒股又一大忌。

股市本就千变万化，线性思维会限制我们对于股价的思考和解决问题的能力，长久下去注定走不通。多尝试对某一事件做出假设、评估和判断，并在判断的基础上，引导自己提出其他更多的可能性，比如空闲时可以搬来两个凳子坐，自问自答来回跑，自导自演一出剧——

A："这行情怎么看？"

B："我看行情不好。"

A："此言差矣。经济复苏非常确定，要有坚定的信心，弹幕上都说底部满仓，不动如山。"

B："不动如山我做不到啊。"

A："我说不动就不动！以后越跌越买，挣够了钱补仓股市，股市就是人生，补着补着还可以参加股东大会。"

B："可我是来挣钱的，又不是来当股东的……"

这样演着演着，就能演出炒股真谛，就能明白自己到底在求什么。人要经常跳脱出来看自己，看事情。没事经常自己跟自己演，主角是你，配角也是你，导演还是你，演到尽兴了，即使碰上了大跌，心情也不至于太烦闷。不要在意别人的眼光和看法。人需要有被讨厌的勇气，也需要时常换到对面的椅子上去想问题的格局。

16

淬炼内功得始终

金庸笔下有个桥段堪称经典。张三丰传授张无忌太极拳，现教现学。

张三丰问："无忌，我教你的还记得多少？"
张无忌答："回太师傅，我只记得一大半。"
张三丰曰："不行，再打。"

张三丰又问："那，现在呢？"
张无忌答："已经剩下一小半了"
张三丰曰："继续，再打。"

张三丰再问："那，现在呢？"
张无忌答："我已经把所有的全忘记了！"
张三丰顿时笑说："好徒孙，你这是学会了。"

所谓武功最高境界，不是你记住了那一招，而是一招都不记得。"一招都不记得"和"一招都没学"是两回事。想要到达"无招胜有招"的境界，得先有招。有了招才能不拘泥于任何一个方法，而不是根本没有方法。

股市如江湖。往往高手能因势而变，不固守任何一招。一旦招式固化，就容易成为那个被卷的对象。在"卷"字横行的当下，投资者也难逃内卷。只有一个固定模式，就会被人埋伏。螳螂捕蝉，黄雀在后，这既是投资者变聪明的表现，也是钱更难赚的征兆。我之前讲过这样一个心法，假如一个技术特征出现而没有人重视，往往这个技术特征就会发生，从而具有交易意义；但如果一个技术特征出现并且被市场重视，那么这个回合就会作废。如何才能免遭被卷甚至还能拥有卷回去的本事？那就要在招式上有所创造。创造不是闭门造车，需要从根本出发，前提是先练好童子功。

没有好的基础就没有高级技巧，所有高级技巧都是从基础招式演变来的。从无招到有招再到无招，总共存在四个层级：

第一层：完全无招。炒股全靠瞎猜，凭感觉交易。

第二层：有招死用。生搬硬套，表现出来就是花拳绣腿很多，真正遇到问题时像是一拳打在棉花上，有心无力。

第三层：有招活用。见招拆招，轻松拿捏。

第四层：万招合一。各种套路化为本能，看似无招，实则每个动作背后全是绝招，招招毙命。

据说80%的人会停留在第二层，只有20%的人会进阶到第四层。如果天赋受阻，即便放弃第四层，也要尽量上到第三层。

我曾经说过：在盲人的国度里，有一只眼的人就能成为国王。这句话听着可能有点伤人，但却无比真实。就好比在混沌的投资世界中，我只有一只眼，尚有光感的眼睛感觉到有个影子过来了，于是伸出手"啪"地一下，打中了。而多数投资者眼前全黑，对于是否有影子过来都无法辨别，只凭感觉胡乱出手，这样的命中率能有多高？有招数不等于有盈利，但没有招数，则亏无止境。

当会的招数越多，水平越高之后，任何一招拆开来都能用，不再局限于特定条件。但在最开始一定是受限的，一定是先守规矩，再突破规矩。而一旦高级技巧出了问题，你也可以退回来，退到最基础的层面，至少不会无所适从。很多人直接上高级技巧，直接上成套战法，当这些不灵的时候，你没有办法退出来，就会直接怀疑人生。

17

暴富的诅咒

有一个问题至今仍然在哲学、心理学、量子物理学界等领域争论不休，那便是：我们在岔路口做出的选择是被设定好的吗？或者说，我们有没有自由意志？倘若按照强宿命论的观点，答案是没有，所有的一切可能都是被安排好的。比如早年我做电脑生意，后因遇人不淑导致生意失败，可能就是为转入炒股这行埋下的伏笔；再比如那年去三清山遇见道士，跟我说别再换赛道了，要坚持下去，可能就是我在这行行稳致远的铺垫；又比如生活上经历的那些折戟以及至今回想起来仍感觉"特别难"的时刻，成为了还算不错的当下生活的映衬。也许这些剧情早已设定好，就等我来演。假设那一年电脑生意做得风生水起，假设那一天没有道士对我指点迷津，假设我过去的人生都一帆风顺，我想，我不会是现在的我。

我获得了努力的回馈，但无关逆天改命。不认命是哪吒，我看到的那些所谓改了命的人最后都回到了原点。这些人有一个共同点，求的都是财富自由的命。

大概在 20 年前，中国 B 股发生了一轮暴涨，在 2001 年 2 月底至同年的 5 月底，B 股指数从 91 点涨到了 240 点，原因在于 B 股要对境内投资人开放，而在此之前只有境外投资者才可以投资 B 股。彼时我认识一个散户，做的是空调生意，炒股特别厉害，就是靠着 B 股的这一波凌厉涨势让自己的资产一下子翻了三倍。那条消息我记得很清楚，称 B 股投资会在 6 月份对所有人开放。然而诡异的是，B 股一路涨了三个月后，恰恰在开放的前一天见顶了。

在 B 股见顶回调之后的第一波反弹中，这个人某天来到散户厅，跟我说："我下半辈子的机会来了。"我当时就跟他说："如果有改变命运的机会，请千万不要上。""不行，当然要上！"他当场就把我的建议否定了。故事的后来正如我们所见，指数

2000 年至 2005 年 B 股指数日 K 线实时走势图

一路倾泻而下，从哪里来的就跌回到哪里去，直到 2007 年那波 6000 点的大牛市才涨起来。这个人的命运自然也没有被改变，兜兜转转之后又回到了起点。

炒股票的人 80% 都有这个想法：我要实现财富自由。什么是"财富自由"？说白了就是过上混吃等死、不劳而获的生活。这种生活能有吗？不能，因为有违天道。只要这个钱够"躺平"，大多数人就不愿再奋斗。但凡有钱，谁来劳作？所以股市没有长牛，所以社会会发生通货膨胀，其公平体现在：不劳动者不得食。一个人不干活，就别想有饭吃；只要不干活，老天就会让他出来做事。这样的事情，我见过不少。

我有一个同学是做外贸生意的，早早地提前退休，现在又出来工作了，只因在理财上栽了个大跟头。很多时候我们看似在挣别人的利息，而别人却看中了我们兜里的本金，于是千万身家归零。另有一个同学，之前赶上了好时候，混得风生水起，早早地就挣了千万身家，当时我们都觉得他财富自由了。但被命运开了玩笑后，一无所有，还得出来重新干活。另有一个亲戚，发财不算晚，也就大概四五十岁的样子。发了财之后，在家里的玻璃上贴了"享受生活"四个字，没想到不久后人就患癌去世了，吓得我立马把座右铭改成了"永不退休"。

一旦投机挣过容易钱，就不再想挣老实的辛苦钱，然而容易挣的钱都是有诅咒的，所以千万不要做什么靠炒股实现财富自由的梦，这本身就是一个错误的认知。在错误的认知下做出错误的选择，大概率命运不会改变，更不会好到哪里去。

在我看来，选择即命运，喜好即命运。心之所向，就是你的命。如果你觉得命运不好，怎么改？那我告诉你，改心即改命。心不改，命不改，就这么简单。

股市的一大作用是让人觉得这是一条出路。但想通过股市实现逆天改命，仅仅是千万分之一的概率，这种概率落到某个人的头上，此人必有异于常人之处。股市对于那些想不劳而获、快速发财又自以为是的人来说，只是提供了一个情绪发泄的地方。对于绝大部分普通投资者而言，做自己能理解的事情比通过股市获取财富要靠谱得多。

18

职业炒家，当否

之前"是薛松鸭"微信公众号后台收到一条留言：薛伯伯，我现在一个月工资5000元，干的基本是一眼能望到头的工作，想做职业炒股，目前能做到稳定盈利。但是上班的时候炒股总是亏，不上班的时候就能盈利，我到底要不要专职去炒股？

不管任何人、任何时间，问我类似的问题，我的答案永远都一样，那就是别做职业炒家。我们总是把专职炒股想象得很简单，但实际上这条路最后能活着走下来的人少之又少。我反复讲过一个案例——在九几年能买桑塔纳2000的人，是非常有钱的，不仅身价百万，还有两套房产。实业做得相当不错，后来因为利益分配不均，于是出来单干，全职炒股。结果万万没想到，因为一个熊市，投资股票几年不挣钱。如果他打份工，还能覆盖现金流，但他不打工，完全依赖股市，碰到那两三年光景不好，一方面股票被套，只好用割出来的现金流维持家庭生活；另一方面通货膨胀也毫不留情，每年的开销只涨不跌。如此时间一长，当年的百万最后只剩二三十万。多数全职炒股的人都会被折腾到这一步。为何很多老股民包括我在内对待股市都如此谨慎？是因为我们看到类似的故事实在是太多了。

以交易为生、纯做价格是很难的一件事。我认识一个很成功的操盘手，他说挣大钱最重要的一点是对金钱强烈的执念，不疯狂不成魔，不疯魔不成活。这是一条最极致的路，极致到让结局变得深不可测。决心、恒心、信心，三颗心只要少了一颗，都走不到成功路上。成功之路的难，更多难在心上，不是难在术上。

做一个职业赌徒对于心态与承受力的控制要求很高，就像在战场作战。小时候我总觉得自己应该是一个很好的战士，直到我看了《拯救大兵瑞恩》之后才知道我不是什么好战士，我只是喜欢赢而已。因为战争片都是主角视角，都是赢家视角，无论怎么打最后都是我们胜利，让我以为打就等于赢。但再看一遍《拯救大兵瑞恩》，开头一段抢滩战，船还没有靠岸，士兵还没能展示任何作战本领，人就没了。这像极了我们的股市，看似没有硝烟，实则周围都是枪林弹雨。别说一个大熊市，就连震荡中的一个小回调，大部分人都扛不住。

说句实在话，边打工边炒股至少还能扛得卜股市的折磨，但专职炒股的人肯定会经历一个被股市折磨到疯了的阶段。在没疯之前，你可能会对一次，对两次，对十次，对百次，但焉知这些"对"是你个人的运气，还是大环境、大时机、大周期给的运气？我在20多岁的时候，有一阵子觉得自己卖电脑的生意做得特别好，仅三五年的时间就把销售额从零开始做到了一年千万级别，当时感觉自己简直就是个商业奇才。直到1997年以后，整个宏观环境都在收紧，货也好，资金也好，全在收紧，银行不停地抽贷，这么一搞很快就崩掉了。直到那时我才醒悟过来，自己哪是商业奇才，只不过那段时间正好处在一个经济上升周期，整体经济都很活跃，是时代赐予我这么一个红利期。

人总是习惯于在自己成功的那一刻，觉得靠的是自己的能力，但更多的时候，一切只不过是运气的叠加，是某个周期的流动性正好让你占到了便宜。

要想成为职业炒股人，除了对金钱的执念和扛打的能力外，还有两个标准。一个标准是撇除运气成分后的连续对。如果交易30次能连续挣钱，那说明你会了，这是一个标准。另一个标准是，经历过一轮完整的牛、熊市后，牛市也能挣钱，熊市也能挣钱，或者牛市能挣钱，熊市能扛得过去，那才叫真厉害。什么是"一轮牛熊"？以中证全指年线图来看，2012年以来到现在是两轮牛熊，2012年到2018年是一轮，2019年至今又是一轮。

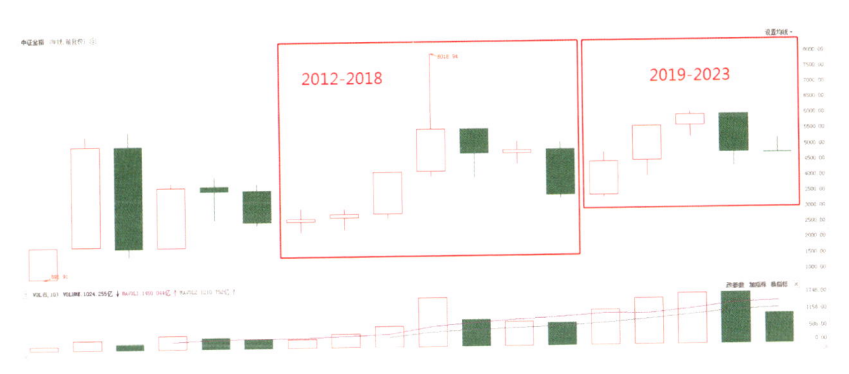

中证全指成立以来年 K 线实时走势图

回头再看那位粉丝给我的留言,如果连一轮牛熊都没经历过,还谈什么想做职业炒家呢?

19

给自己留条活路

我很喜欢武侠小说《陆小凤传奇》里面的一句话："如果先生的剑能够给瞎子留一条逃路，那么先生也不至于会死在剑下。"这句话的意思是，你出招的时候如果一点后路都不给别人留下，你其实也没给自己留有后路。已然是在剑走偏锋，然而你还要搏，可能搏一搏别人活着回来了，而你却死在里头。很多投资者丝毫未曾察觉自己正在做的事情，往往就是剑走偏锋的事，比如满仓押注。

如果说在充满不确定的股市里面有什么是可以界定的？那一定是"风险"两字。政策风险、商誉风险、减持风险、业绩风险、预期反转风险……诸多风险混杂其中，使得我做交易有个最大的特点，那就是从不孤注一掷。人都有倒霉的时候，透支仓位把自己搞到弹尽粮绝，就等于扼杀了敌人进攻时给自己留的那条退路。因此，分仓是我的原则。通过仓位管理风险，其他交给运气。从本质上看，分散投资是找到不同的风险来源，然后根据这些风险之间的相互关系进行组合的过程。说白了，分散投资就是分散风险，谋求的是多种风险之间的一种妥协。

对于所有投机活动，仓位管理是最重要的一环。如果连仓位管理都不懂，投进股市的钱早晚要输光。理论上，假设胜率是100%，那么仓位绝对应该也是100%。但实际上我们不可能达到100%的胜率，所以就不能满仓。尤其在你水平不够的情况下，就更不应该把所有的钱带上桌去。如果你的资金体量是100万，就先买10万，假设遇上一个跌停板，也只输1万，砍就完了，相当于100块钱损失1块钱。倘若连这点损失承受能力都没有，那还是别碰A股。

失败是炒股必不可少的一部分，仓位管理本身就是为了"防衰神"。通常仓位越轻，干得越好，不信你就拿100股随便玩玩，然后就会知道，随着仓位加重，很大概率会越做越臭——这条规律适合所有人。压的仓位越重，下的杠杆越大，越接近完蛋。很多投资者恨不得天天满仓推进，甚至最好把杠杆也加上，以为这样就能挣钱了，但实际这样做的十个人里面有九个都是亏的。当仓位重到不容有失，你就不稳了。人性不值得考验，不要高估自己的扛逆能力，不要高估自己的心态。一个重仓占用你投入资金的1/3已经是普通投资者的极限了。我的建议是20%，即1/5。当你的炒股水平提升，比如连续三年都是盈利的，那么仓位可以同步上调到1/4或者1/3。但如果是短期之内的盈利，那没有任何意义，只不过说明当下市场还没有暴露你的问题，但这只是时间问题。

仓位越重，对水平的要求越高。在水平不够的时候，小仓位尝试，若不对就及时止损出局。千万不要本来割块肉，最后砍条腿。100块钱损失80块钱的毛病，大多是拖出来的。炒股这件事，不怕错，只怕拖。

行情两头赌，该满的时候满，该空的时候空。赢面越大越要下重注，但重注绝不是对一只股票实施满仓。你做得越分散，市场越拿你没办法。如果一个季度或者半年跑下来，你的总收益是震荡上行的，你可以把你的仓位往集中的方向去调。换句话说，当这个收益曲线已经朝着右上方走了，本身就说明你的交易成功率在上升，盈亏比在上升。在这种情况下，你一旦把仓位做得更集中了，对应的收益曲线上升的斜率会走得更陡峭，挣钱会明显快起来，这是个很重要的经验。因此这个集中可以从原先的10只股票改成8只股票，或者改成6只、5只都是可以的。但是如果你发现收益曲线是下行的，说明你的成功率不足，你就得把它分散掉。

凡事都有另一面。你对某一方面寻求妥协，必然会失去另一方面。分仓的做法，妥协的是风险，失去的是利润。越是分散，收益可能越会下降。我们永远是在收益和风险当中求平衡。所谓专业投资者的"专业"体现在哪里？就体现在收益和风险之间的调和，怎样才能调到适合自己的度，是门学问。从 100 股到满仓之间找平衡点，这才是你应该去做的事。虽然未必能挣大钱，但至少这么做能让你先挣钱，否则永远知易行难。

股市里没有人能够做到不被套，但我们能够做到的是不满仓被套。先避免成为满仓输钱的人，然后再想想怎么开始赢钱。之前我写过《穷要张狂富要稳》，记住是张狂而不是疯狂。永远满仓是很疯狂的一件事情。所以事前务必要先想好如何分仓，分仓就不可能被全套。

炒股需要分仓，但做人和炒股不同。人生在世，可做的事情很多，但是真正重要的事其实就那么几件。我们需要瞅准一个篮子，把鸡蛋全都放进去，然后认真地看好这个篮子。不然，"有三个篮子的人就得把其中一个篮子顶在头上，这样就很容易摔倒。"这句话是钢铁大王卡内基说的。在这个信息丰富的世界里，唯一的稀缺资源就是专注力。把最好的精力放在你认为真正重要的一件事情上，专心致志地坚持下去，直到最后的成功。

20

借假修真

《老子》云："为道日损。损之又损，以至于无为。无为而无不为。"人的毛病是什么？以假我为真。当我们有一个高度认同的自己，会扩展到对与"我"有关的所有事物的认同——这是我的本子，这是我的茶杯，这是我的钱，这是我的股票……你会听不得别人说这只股票不好。人因为对自我的执着，上升到对所有跟"我"有关的东西的执着，甚至于对这些东西的执着要大过自己。这就是佛教中被认为是痛苦根源的"我执"。在"我执"不破的状态下，往往听不得别人的任何意见和任何批评，自然就不会改错。只有反观自身，知道自己不行，想法不对，才不会被其左右。

比如说抄底这件事。为什么那么多人一门心思地就想抄底？是因为他们受到规则的限制，唯有做多才能挣钱。所以你想抄底，只是想挣钱而已。当你反过来去拆解的时候，会发现原来这是基于想吃，而不是有的吃，这明显是出于欲望而不是理智。当你意识到这一层，明白自己真正的动机不是喜欢抄底做多时，你只要不随意出手便已赢了一半。所以抄不抄底不是关键，看清自己内在的真正动因才是关键。看不清楚的时候，不妨先停一停，毕竟一切的悲剧源于自己错误的认知。你的认知会指导你的行为，你的行为长期来看必然导致一个结果。如果在股市一直拘着错误的认知，投资必然不太顺利。

成长最关键的一步是建立正确的认知。欲求真知灼见，必返求于道。只有自知之人，才是真正的觉悟者。觉悟来自于面对真实的自己，在自己身上找毛病。我们跟社会面去接触的时候，一定会带着"假我"出去，这个"假我"经过了文化与道德的包装。然而无论表面装得多像，外貌服饰多么考究，一旦掀开遮羞布，本性暴露无遗。

我们在做交易的时候，假如一直背着自己的"假我"，就读不到别人的"真我"。在和他人接触过程中，那些矫饰出来的、伪装出来的、很多不足为外人道而不说的东西，但凡把这些当真，就永远读不到真。只有认清自己的"真我"，把社交的外衣剥掉，对自己诚实，读懂了自己之后，才能读懂别人。当你读懂别人的时候，自然可以利用别人的弱点，或顺着或反着去交易，去下注，谋求套利空间。

每次看到反对我的人多了，我就知道大盘临近反转。谁不是从散户开始的呢？我曾经也是这样的心态，见众生见自己，因而我特别能理解大盘不好的时候为什么那么多人热衷于打嘴仗，只因他们愤怒。人什么时候会愤怒？大部分是在无能为力的时候。愤怒的本质是无能，当一个人的能力不足以应付周遭所发生的事情，愤怒便油然而生。往往能力越差，越容易愤怒。如果你能读出自己因何愤怒，就比别人精进了一层。如果你能变得更加成熟，在原本愤怒的时刻感到既没那么愤怒，也没那么恐慌，甚至有一种饥渴的感觉，那说明你学会了。你从哪里可以证明自己的感觉是对的？就从你看到别人的谩骂、别人的无理、别人的不识好歹，你会知道那个就是曾经的自己。你曾经也这样恐慌过、害怕过，因为失去安全感而变得不可理喻。当你看到别人的失误，知道属于自己的机会来了，这种时候你就能脱离"韭菜的圈层"。所谓"反观观自身"，看清楚自己有多糊涂，你就不再糊涂。

交易心理，法无定法。唯有克服掉一些生物层面的与生俱来的动物性，才能多一点理性。想要过得更好，得先放弃过去的自己。你对过去的自己一定是批判的，是审视的，那么才会越来越好；对过去的自己越是喜欢，抱得越紧，就越不得前进。过去是怎么亏的，将来还是照样亏。不亏的前提条件在于你愿意改，并且知道怎么改。两者都具备，才能慢慢告别过去失败的投资人生。所以我常说，普通人做投资先要顺应自己的心。有一些时候，你能够拿出一招是因为顺应了自己的人性、且能下得了手，随后在顺应人性的情况下，逐渐把这一招修正完善，把别人的经验变成自己的经验，这个叫"借假修真"。用马斯克的话来讲，你要有一个可以纠错的反馈闭环。就是一方面你要去做，另一方面做的结果加强了你之前的信念——"哦，原来这么做是对的"，但也有可能带来负反馈。带来负反馈有两种结果，一种是我不做了，另一种是还会坚持去做，只是改变我做的力度。我不会因为一次的错误就完全颠覆自己的行为模式，而是反复让先验变成后验，后验又再变成先验，不断地去探索这个世界的同时，不断地修正自己的系统。要注意不断迭代的同时，防范小概率事件把自己灭掉。这是一个渐进式的过程，有点像王阳明的心学——知易行难，但其实讲的是边知边行，边行边知，核心是既有坚持又有修正，保证自己拥有一个可纠错的反馈机制。在修正的过程中要明白，不管我们怎么修正，总有不太灵验的时候，所以要学会在灵验的时候多下手，不灵验的时候少用这招，在使用权限的时候做到收放自如，就已经比大部分人好很多了。

21

扛过所有逆境，往后皆是坦途

1992年的5月份，上证指数最高打到1429.01点，接近1500点，然后迎来了一轮暴跌。终点又回到起点，5月的这根大阳线被吞噬殆尽。此后好多年指数再也没有突破过1500点，直到1999年的6月份。但在此后的半年，行情又经历了一轮走熊，指数从6月的1700多点跌回到12月的1300点的位置。

1992年至1999年上证指数月K线实时走势图

彼时我的电脑生意正好破产了，于是回到了另一项主业——炒股。当时我流落在各个营业部散户厅当中，和不同股民交流，聊着聊着有人发现我好像有两把刷子，于是终于有一个地方愿意把我请进大户室去。

后来指数一路从1300点涨到2001年6月的2245点。这个时候我已经不在大户室了，而是就职于一家正经的证券分析投资机构，这个机构至今还在，叫"世基投资"。2245点时发生了一件事情，当时提出要国有股全流通改革，在此之前国有股是不能流通的。我记得很清楚，当时我们公司一个最红的股评人在某证券类报纸上写了一篇文章，题为《磨顶为底，再创辉煌》。我心里就想，怎么可能？逻辑很简单，最大的庄家要开始全流通，而在当时的历史背景下，民间几乎没有财富积累，这让人怎么接？即便卖了肾，这筹码也接不动。

然后，大盘就真的开始跌了。很多人看到2001年7月的这根阴线打到年线附近时，便纷纷去抄底，结果一抄就是死。接着关于"国有股减持还是不减持"的猜想持续了很多年，指数也一路南下不回头。在这期间，我成功地抄到了2001年10月的底、2002年1月的底、2002年12月的底，由此在普陀区光新路营业部名声大噪，很多别的营业部的人都跑过来听我讲股评，直到2004年8月，我说1300点不是底。之前我都说1300点是底，他们问为什么这次不是底？我说前两次我喊1300点是底的时候，营业部门可罗雀，但这一次却站满了人，所以这个地方会反弹，但不是底，底不应该有那么多人。后来如我所言，指数反弹过后继续一路跌，一直跌到 2005 年 6 月那个广为人知的 998 点，股权分置改革开始推进，国有股让利个人股，要求每 10 股送 3 股，整个市场才开始渐渐有了转机。

1999 年至 2006 年上证指数月 K 线实时走势图

尽管这一段的股市进程我全说对了，也抄对了这个底那个底，但我照样下岗。营业部总是习惯先砍外面聘来的人，再慢慢砍体制内的人，所以很多时候命运并不掌握在自己的手里。在 2001 年 7 月到 2002 年 1 月这段熊市期间，我漂泊了好几个营业部。以我在 2200 点下岗的经历，我猜测会再次下岗，果然后来在反弹不是底的 1300 点的地方，领导换了，换了之后就把我开了。

很多人知道我入市即熊市。熊市中经历了多次失业的我，到底怎么写出这样一个"逆袭"的剧本？我思来想去，觉得最大的一个因素在于扛逆能力。人但凡有好日子，通常就不想很努力，所以有的时候天将降大任于斯人也，就是逼着你，逼到你穷途末路没有饭吃，逼到你山穷水尽，要么死，要么生。很多人只有被逼到这一步才会有所悟，才会催生强烈的翻盘欲望。但凡杀不死你的，就会让你更强大。因此我常说要去看《阿甘正传》，身处逆境更应多看。只要把逆境扛过去了，剩下的都是好日子。

做交易也是如此。有的时候做交易就像隔了一条线，跨过去了皆为坦途，没过去就是各种难。很多波动看似很难扛，但只要你能扛下来，并且还活着，更大的盈利通常就在后头。的确，炒股不是人人都能做的。你必须接受失败，甚至连续失败；你必须接受回撤，甚至连续回撤。然而绝大多数人在人性上过不了这一关。无论是上涨当中持有一只股票产生的回撤，还是交易当中账面上的连续亏损，都是反人性的。但是我恰恰要告诉你的是，你能拥抱这些，就能他人所不能。

我认识几个做实业的朋友，真有挣大钱的，手里拿着的那些股票都是翻倍甚至翻两倍以上的。他们的共同点是，根本不把小波动放在眼里。而这恰巧也符合了做企业家的精神，那就是扛波动的能力、扛逆境的能力特别强。这也是普通人和成功者最大的区别。当在我们面前出现一道鸿沟，鸿沟的对岸叫作"成功"，为了能够顺利抵达对岸，成功者一定会把自己所有的资源、能力都全神贯注地用在制约他的那道坎上，然后倾注所有精力去迈过那道坎。而普通人，脑子里只会蹦出这几个字：算了算了，这个好难啊，这是不可能的。就因为不可能，所以成为了普通人；就因为被这个世界的条条框框限制住了，于是变得很平凡。

平庸其实没什么不好。每个人都有存在的理由，一事无成的人生因为有和煦的暖阳、绚烂的四季、璀璨的星河相伴，也很美好。在甘于平凡的同时，你选择进入股市，肯定是为了更精彩的人生。恰恰股市是个是非之地，往往这一刻的顺势转眼就是下一刻的逆境，潮起潮落无休无止，你想从市场这儿捞取点什么，注定要付出一些代价，比如被捶打的经历，比如被考验的信心……所以一碰就倒的易受挫型选手，还是不要上股市这个擂台了。经历不了逆境，不会有后面的成功；突破不了人性的藩篱，注定无法蜕变。无论生活还是投资，真正的智慧是如何面对困境，如何扛下逆境，如何步入佳境。愿各位都能在股市中获得顺境，品尝人生妙境。

后记一

回头望，轻舟已过万重山；

向前看，前路漫漫亦灿灿。

这个世界没有神话。

早年我每天都写博客，记录下了一段踏空行情。2019年2月20日，这一天我认为沪深300在这个地方肯定要走一个回踩半分位，我觉得这里非要倒车接人不可，因为我看到了一个不能造假的广量指标ADR顶天了，顶天的表现是它的数值在这一天达到了极限值2，按照我过去的经验，后面只能跌不能涨。但随后的走势证明，我把我的"神话"破掉了。

2019年2月20日沪深300日K线实时走势图

　　世上无有万全策。我之所以说起这段失败的经历，是想告诉大家，不要以为有什么东西是必然的。在即将合上这本书之前，请忘掉我书里所写的所有经验，然后请带着你自己崭新的体验去感受，去总结。技术分析有规律无定式，就像多年前我对我的老搭档主持人于静所说的，我教你的这些东西都是骗你的，这些借假修真的东西以后还要调整，如果你信以为真，反而寻求不到真谛。

　　所以，无需兴奋。未来，坑还在，亏还有，土照吃。可能跟随我多年的铁粉更能明白这些话的含义，怕只怕本就学艺不精之人，因为收获了一些局部招数，就以为得了武功秘籍，于是无比兴奋，跃跃欲试。

　　切忌又菜又爱玩。

　　我刚学自行车的时候，我的父亲不让我学，怕我莽撞，于

后记一

是我让同学偷偷教我。由于按捺不住心底的躁动,那段时间我常常瞒着睡在三楼的父母,自己扛着一辆"二八大杠"自行车蹑手蹑脚地下一楼,不出半点声响的打开家门,再轻轻地把门带上,随即闯入夜色,独自骑着自行车在风中撒欢。一个连上车也不会、转弯也不会的少年,就这样大摇大摆地骑着自行车上路了,还误将其当作是一个极限运动,过足了瘾。可是,只要背后传来"叭叭"的车喇叭声,我便紧张地一骨碌从自行车上掉下来,硬生生地跌落在坑坑洼洼的路面上,摔得生疼。

现在回想起那段年少轻狂的岁月,感觉好笑的同时也忍不住惊讶于自己当时的勇气。或许跟随在我身后的大车司机才是更加担惊受怕,心里或许想着从哪儿冒出来一个喝醉或是碰瓷的小子?这种又菜又爱玩的状态每个人都经历过,而且通常越菜越爱玩。但交易最重要的四个字是"本金难得",越菜越爱玩的后果很容易丢失本金。因此无论你怎么玩,切记都要把这四个字放心上,尤其那些完全小白、连体系都尚未形成的投资者。

我分享的这些技术指标,可以用得很细。但如果你是初学者,在体系没建立之前,抠细节显然毫无意义。一般我建议初学者一定要把自己的思维模型拆到很粗,务必要先粗犷,啪啪打下几个桩就好了,随后再开始慢慢往上堆叠东西。好比画一张人脸,寥寥数笔画一个十字再画一个圈,就说这是人脸,至少还能看得出来,千万不要一上来就说怎么把这个睫毛画细一点,这样何时才能看清?但凡我们加一个指标去分析,往往就要扔掉很多东西。否则你加进去的东西非但不能提高胜率，还会整出各种幺蛾子来。框架出来了再去抠细节，这才是正确的思路。

对于大部分普通投资者来说，即便炒股的技艺熟练了也尽量减少"九天揽月、五洋捉鳖"之类的妄想型动作。这些动作只会让你变得有名，不会让你变得富有。什么是好的胜利？《孙子兵法》已经把答案说了：故善战者之胜也，无智名，无勇功。字面意思大概是这个人厉害到既没有智慧的名声，也没有勇武的功劳。所以当你追求智名勇功的时候，距离一个真正的胜利者还很远。若执意挑战，好比我在不会骑自行车的情况下骑上自行车招摇过市。未遇风险是命运仁慈，但市场先生可从来都不是一个善茬。

为人父辈者，都有这样的感受——在教育孩子的时候，总想把自己所有踩过的坑都说一遍，希望孩子最好一个都别踩。但是往往会发现，父母跟孩子之间存在着天然的矛盾。父辈踩的坑，后代一个都不躲，而且踩得还很欢快。甚至孩子身边有很多朋友会告诉他，这样才是最好的，由此叛逆情绪悄然产生。也因此，我明白真正的经验和教训是无法传承的，而这也是人生如此精彩、生活如此美好的原因。正因为无法传承，所以富人不可能永远富有，而穷人总有机会翻身。

相较于其他途径，股市仍是一个较为适合普通人洗牌的工具，只不过"纸上得来终觉浅，绝知此事要躬行。"所有"术"

也好,"道"也罢,最终还需要你亲自去实践和探索。只有切实经历那些痛楚与欢乐,尝遍黯然神伤时的失落和柳暗花明时的惊喜,才能让股市为你所用。这个过程不要怕苦。"躬行"两字本身就包含了怎么被行情折磨,怎么去思考策略,怎么去面对错误,怎么去挑战"神话"。我们做的事情,无非是被各种因素折磨,然后在困难之中求一个"活"字。赚钱本身就需要吃苦,尤其是在于市场博弈。越长大越会意识到,想要过好人生总要挑一个苦吃,或者是学习的苦,或者是工作的苦,或者是股市的苦。如果你什么苦都不想吃,到最后必然会吃生活的苦。如果你有对金钱的强烈渴望,那么所有的苦都不是苦。回头看我过去吃过的苦,如今都变成了甜。仰天长啸之际,轻舟已过万重山。

至于未来,我始终心怀希望,不仅是对中国发展的希望,也是对中国股市的希望。四年前我去云南香格里拉,请了一位藏族朋友当司机,他带我从香格里拉出发。这位藏族司机的家在澜沧江边上,我去了他家,听他讲了自己的生活,然后沿着滇藏线从云南进入西藏,一路上看见了祖国的大好河山,看到当地人在偏远之地依然生活的幸福美满,心里很是感慨。我更加确定,只有中国共产党才能领导中国,才能带领中国人民走向繁荣富强的道路。

后来我又去了一趟美国,在加州内华达州待了一段时间,发现美国也不过如此。基建、设施、网络,这些方面完全比不上中国的一线城市。我忽然间理解了,那些在美国工作生活的朋友曾开玩笑地说:"我们是在大农村。"原来这句话不是自谦。反观我们的国家,改革开放后多年来,经济社会发展创造了前所未有的奇迹。未来,中国发展奇迹还将继续。因此,我们的大 A 不会永远停留在 3000 点,星辰大海一定是未来的归途。

在此,祝愿各位在股市的修行终有大成之日。"大鹏一日同风起,扶摇直上九万里。"在不远的将来成为有一定经济实力、且可自由选择的幸福之人。

薛 松

2023 年 8 月于上海

后记二

一笔一墨一世界，一书一画一人生。

关于人生，2023年很火的一句话是这样说的：人生不是轨道，而是旷野。我的前半生似乎过于空旷，总想抓住些什么，几经辗转从一个领域到另一个领域，彼此之间交集甚少，倒是探出了不少野路，最终一不小心栽在了股评这条道上。

股评说得多了，自然心得也不少。于是出书的想法在心头划过，只不过那想法稍纵即逝。促使我决定提笔落墨的是那些个不经意的瞬间——某个投资小白不明所以的呆萌提问，某些老股民难以克服的人性弱点……这些都给我带来一股明显的推背感，让我最终决定以图书的形式把脑中的所思所想，告诉所有信任我的人，以帮助他们共同抵御股市中的千军万马。

书稿经过大半年的时间终于完稿，出版是首要的问题。历史上某些人的书得以出版面世，带有很大的偶然性，更多的是那些投递无门，抑或者因拒稿或大删大改而不能付梓的书稿。我既不是作家出身，文化造诣也不算高，只是作为专业领域的专业人士分享多年工作生活心得。在此需要特别鸣谢我的同事牛菲女士，在联络出版社方面给予了诸多支持和辛苦付出。书籍出版琐事繁杂，难免要经历各种沟通和磨合，我的第一本口水书得以在各位读者面前呈现，于她的亲力亲为密不可分，在此由衷感谢！

　　另外需要感谢的是新华出版社所有参与此书编辑工作的老师们，正是由于他们的专业、敬业，使我人生中第一本著作得以问世。此后，我的社会身份又多了"作家"。

　　当然，"作家"这一新身份只是"客串"，我毕生的使命仍是遵循"为投资者服务"这件事，无论通过何种媒介——书籍、直播、课程等等，目的都是想让你知道，在炒股这件事上，你可以做得比现在更好。

　　期待你捧起这本书时能读得津津有味，也更期待在你合上这本书之后，能有更清醒的投资思路和更完善的技术分析。愿这本书能让你在股市中找到安身立命的支点，早日抵达心中布满鲜花的旷野。

薛　松

2024 年 1 月于上海